実践

心ふれあう
子どもと表現

松家まきこ・鈴木範之　編

みらい

執筆者一覧

編者

松家　まきこ（まつか　まきこ）淑徳大学・パネルシアター作家………第4章4・第5章1・第6章

鈴木　範之（すずき　のりゆき）常磐短期大学 ……………………………第1章・第3章1・III部2・
　　　　　　　　　　　　　　　　　　　　　　　　　　　　　　　　column3・column4

著者

いわいざこ　まゆ（いわいざこ　まゆ）造形作家・保育士……………………第5章1・4

おおしま　やすし（おおしま　やすし）子ども歌作家……………………第4章3・column8

金子　しんぺい（かねこ　しんぺい）パントマイミスト………………第4章1・column6・
　　　　　　　　　　　　　　　　　　　　　　　　　　　　　　　　column9

岸川　良子（きしかわ　よしこ）福岡こども短期大学 ……………………第3章3

熊倉　佐和子（くまくら　さわこ）淑徳大学 ………………………………第3章4

新沢　としひこ（しんざわ　としひこ）シンガーソングライター………column5・column10

児嶋　輝美（こじま　てるみ）徳島文理大学短期大学部 ………………第2章・第3章2・III部3・
　　　　　　　　　　　　　　　　　　　　　　　　　　　　　　　　column1・column2

土橋　久美子（どばし　くみこ）白百合女子大学 ……………………………第6章

西村　愛子（にしむら　あいこ）駒沢女子短期大学・美術作家 ………第5章2・III部1

松田　聖子（まつだ　しょうこ）帝京平成大学 ………………………第5章3

松本　哲平（まつもと　てっぺい）駒沢女子短期大学 ………………………III部1

森　麻美（もり　あさみ）たいそうインストラクター …………………第4章2・column7

協力

社会福祉法人明照会 かすが保育園

学校法人常磐大学 認定こども園常磐大学幼稚園

学校法人わかくさ学園 わかくさ幼稚園

アスクミュージック

イラスト

いわいざこ　まゆ

はじめに

　表現とは、どのようなものでしょうか。

　幼稚園教諭をしていた頃のある日、私は、子どもたちと一緒にチョウになりきり、両手を広げて羽ばたいていました。ところが、ふとみると、部屋の片隅で一人、たかちゃんがじっとうずくまっているのです。「どうしたの？　たかちゃんも一緒に飛ぼうよ」そう言いかけて近づいてみると…、たかちゃんはダンボール箱でつくった切り株の傍らにしゃがみこみ、黄色のクレヨンで描いた蜜を舐める仕草をしていました。「そうか、たかちゃんはカブトムシなのね。美味しい蜜が見つかってよかったね」と声をかけると、たかちゃんは満足そうな表情でゆっくりと立ち上がり、両手を震わせてみんなのもとへと飛んでいったのです。その手の向きや揺らし具合は、チョウではなく、日々、たかちゃんがじっくりと観察をしてきたカブトムシの姿そのものでした。

　たかちゃんは、入園してからずっと一人で園庭の虫を追いかけている子どもでした。私がそっと本棚に図鑑を置いておくと、すぐに気がつき、目を輝かせて何度も眺めたり、夏にお父さんと一緒につかまえたカブトムシを画用紙いっぱいに描いたりする体験を重ねてきました。一人の世界を存分に楽しみ、そのありのままの表現や世界を受け止めてもらう体験を通して、ついに、クラスの仲間と一緒の場でも表現を楽しむようになったのです。その凛々しく繊細な表現は、ほかの子どもの心も魅了しました。その後、たかちゃんは、ダンボールと不織布でカブトムシの羽根をつくり、チョウの友だちと一緒に基地をつくって遊びました。

　このように、表現とは、子ども自身の内面から溢れ出るものなのです。日々の生活や遊びの中で心を動かし、体験の中で蓄えられたイメージや思いから生み出されるものなのです。それは、時に素朴に、時にダイナミックに響き合い、受け止めてくれる存在や環境を通して、さらに豊かに広がっていきます。

　表現とは、「内部にあるものを外部に表すこと」で、「人間の本能的行為」[1]であると言われています。つまり、表現とは生きる姿そのものであり、日々絶えず生み出されていくものと言えます。そして、育ちゆく子どもの表現はその時々にしか表すことのできないかけがえのない姿でもあります。保育者はそのかけがえのない姿を受容し、その内に秘めた輝きを丁寧に見取り、環境やかかわりを通して応答していくことが大切です。

　「幼稚園教育要領」「保育所保育指針」「幼保連携型認定こども園教育・保育要領」には、幼児期の終わりまでに育ってほしい姿（10の姿）が明記されています。これは、幼児期が小学校以降の下請け期ではなく、むしろ、生涯の基盤となる力を育む大切な時期であることを改めて示すものです。そして、10の姿の一つとして捉えられた「感性と表現」の具体像には、「心を動かす出来事などに触れ感性を働かせる中で、様々な素材の特徴や表現の仕方などに気付き、感じたことや考えたことを自分で表現

したり、友達同士で表現する過程を楽しんだりし、表現する喜びを味わい、意欲をもつようになる」と記してあります。つまり、「自分なりの表現」と「過程」を大切にすることが表現する「喜び」と「意欲」につながるのです。「表現」は「感性と表現の領域」であり、その主旨は「感じたことや考えたことを自分なりに表現することを通して、豊かな感性や表現する力を養い、創造性を豊かにすること」です。子ども一人一人が幼児期にのびのびと表現することを楽しみ、受け止め合い、分かち合う喜びを知ることは、生涯にわたって自己をいきいきと表現し、人とともに生きる力を養うことにつながります。

　文部科学省の「教育課程コアカリキュラム」のモデルカリキュラムには、「幼児と表現」について「当該科目では、領域「表現」の指導に関する、幼児の表現の姿やその発達及びそれを促す要因、幼児の感性や創造性を豊かにする様々な表現遊びや環境の構成などの専門的事項についての知識・技能、表現力を身に付ける。」と記されています。また、新しいカリキュラムにおける授業の目標には大きく分けて二つあり、一つは「幼児の表現の姿やその発達を理解する」こと、もう一つは（保育者側の）「幼児の表現を支えるための感性を豊かにする」ことが掲げられています。加えて、保育者養成校の授業において身につけたい内容の具体例には、新しい指針に沿った子どもの具体的な姿への理解や様々な表現に関する基礎的知識・技能の習得、そして、それらを活かした具体的な保育を構想する力の育成が求められています。

　そして、各養成校では、これまで音楽表現・身体表現・造形表現としてそれぞれの授業を展開していた内容を見直し、より総合的かつ幅広く捉えた表現への学びと保育現場における実践をイメージしたプロセスの学びが体験できる内容へと再構築する必要が出てきています。

　本書は、保育というかけがえのない営みの中で、表現が生み出され・育まれていくプロセスに寄り添い、子どもたちとともに、日常を楽しく豊かに創造していくための基礎知識と保育者の役割について、実践例（題材・環境づくり・援助）を通して学んでいただけるように以下のポイントをふまえ構成しました。

1. 表現とはいったい何なのか、その中身と魅力を知る。
2. 子どもの表現を捉える視点と感性を養う。
3. 保育者としての基礎的知識・技術を身につけ表現性を豊かにする。
4. 保育者の役割を理解し、子どもの表現を引き出すための環境づくりや援助方法を学ぶ。

　本書は、音楽表現・身体表現・造形表現の研究者及び実践者、保育者養成校の教員、現役の保育者の方々など、幅広い方々に執筆に携わっていただきました。執筆者それぞれの専門性と研究成果から捉えた表現の魅力と実践例を惜しみなく記していた

だき、これから保育者を目指す人たちへ伝えたい内容が詰まっています。本書の内容を通して、総合的かつ幅広い表現の魅力を知っていただき、より多くの方に子どもたちとともに表現を楽しみ、豊かな日常をつくり出していっていただければ幸いです。

2020 年 12 月　編者代表　松家まきこ

1）中野友三「幼児造形表現の見方、育て方—大人のかかわり方の観点から—」比治山大学短期大学部紀要（37）2002 年　pp.17-26

目次

演習の進め方について

●●●●●●●●●●●●●●●●●●●●●●●●●●●●●●●●●●●●●●

●本書は章末などの区切りで「演習」が設定されています。学びの確認、学びの
実践に、ぜひご活用ください。

> **演習1**
>
> 1. 身近な自然や生活の中で、心を動かした出来事を紹介し合いましょう。
>   また、なぜ心が動いたのかについて話し合ってみましょう。
> 2. 「こんにちは」と挨拶するとき、対象によってどのような言い方になるでしょ
>   うか。
>   声の高さの変化、速度の変化などに注目して考えてみましょう。
>   ①赤ちゃん　②友だち　③先生

●演習が設定されている箇所は、「目次」ページでは以下のマークが目印です。

> **第1章　領域「表現」とは　―表出から表現へ―**　　　　　　　　　12
>
> 1 ― 表現とは　12
> 2 ― 表現の過程　14
> 3 ― 母親と乳児の関係性からみる表現と援助　15
> 4 ― 子どもの表現を育むための援助または保育者の役割　15
> ≫≫　　　　　　　　　　　　　　　　　　　　　　　　　16

●演習を行う際にご利用いただける「ワークシート」をご用意しています。小社
webサイトの「ワークシートダウンロード」ページをご覧ください。
https://www.mirai-inc.jp/support/work_sheet/kokorofureau/

2種類の形式がありますので、用途に合わせてお使いください。

・Word形式

> Windows版Microsoft Office Word 2013で作成しています（拡張子：docx）。
> 使いやすいように加工・編集することも可能です。

・PDF形式

> ＰＤＦ形式のファイルをご覧いただくためには、Adobe Reader（アドビリーダー）
> というソフトウェアが必要です。Adobe Readerはアドビシステムズ株式会社の
> ホームページで無償で提供されています。

●●●●●●●●●●●●●●●●●●●●●●●●●●●●●●●●●●●●●●

I

表現とは

1

領域「表現」とは　―表出から表現へ―（乳幼児の表現の特性）

子どもはよく何かになりきって遊んだりします。想像上の怪獣と戦う男の子や、おままごとでお母さん役になりきる女の子などをイメージするとわかりやすいと思います。彼ら、彼女らは、イメージの世界で自らが憧れている人やキャラクターを自分なりに演じているのです。つまり自らのイメージを「表現」しているのです。

「表現」とは何でしょうか。子どもの表現の成長を支えていくために、私たちに何ができるのでしょうか。ここでは、乳幼児の表現の特性とその援助の在り方について考えてみましょう。

1 ──表現とは

「表現する」という意味の英語は「express」です。分解すると「ex（外へ）」「press（押す）」となります。文字どおり、「外へ押し出すこと」あるいは「外へ押し出されたもの」が表現です。何を押し出すのでしょうか。広辞苑には、「心的状態・過程または性格・志向・意味など総じて内面的・精神的・主体的なものを、外面的・感性的形象として表わすこと。また、この客観的・感性的形象そのもの、すなわち表情、身振り・動作・言語・作品など」とあります。「内面的・精神的・主体的なもの」とは、思考やイメージなど、まだ心の内側にあって外に現れ出ていない状態を指します。これを「表象」といいます。私たちはこの表象を誰かに伝えようとするとき、どうしたらうまく伝わるかを考え、その表現方法や素材を選択し、外に表し出すことで相手に伝えます。

例として「ジェスチャーゲーム」で考えてみましょう。お題が書かれた紙を見て、それを他者に伝えるとき、どうやったらうまく伝わるかを考えます。ジェスチャーゲームですから、言葉は使えません。身体の動き、表情などで伝えます。例えば、お題が「タコ」であれば、口をとがらせるかもしれません。手足や全身をくねくねさせてタコの動きを表現するかもしれません。それはジェスチャーする人が頭の中で想像したイメージに過ぎませんが、相手がわかるように伝えるという意識、つまり伝達意図が内在します。伝達意図のあるアウトプット、これが「表現」です。

　では乳児の場合はどうでしょうか。赤ちゃんは言葉が話せません。そのため、何らかの欲求を訴える際には「泣く」ことで表します。声を出したり、表情を変えたり、手足をバタつかせたりして何かを訴えます。それは赤ちゃん自身が感じている何らかの欲求を表しているに過ぎません。これを「表出」と言います。お腹が空いたのかもしれません。どこか痛いのかもしれません。言葉にできませんので、泣きます。意図的というよりは、衝動的です。これが「表出」の一例です。

　「表現」は他者への伝達意図が内在しており、意図的、客観的、社会的な行動と言えます。「表出」は他者への伝達意図がない衝動的、主観的、個人的な行動を指します。「表し・現し＝表現」、「表れ・現れ＝表出」と整理することもできます。また、「表現」は他者との関係の中で成立するものであり、「表出」は自己完結しています。まとめると、表出と表現の関係は以下のようになります。

表出	表れ・現れ	伝達意図なし	自己のみで成立	衝動的	主観的	個人的
表現	表し・現し	伝達意図あり	他者との関係で成立	意図的	客観的	社会的

　では、「表出」はどのように「表現」へと変容するのでしょうか。乳児と母親の関係がそれを教えてくれます。

　先ほど例に挙げた赤ちゃんの「泣く」という行為も、母親はその子がどうして泣いているのか、経験や関係性から徐々にわかっていくようになります。「そろそろお腹空いたのかな？」「オムツを取り替えてほしいのかな？」——日々の愛着関係や赤ちゃんとのかかわりの積み重ねにより母親自身の学習が強化されると、どのようなタイミングで泣いているのか、泣くきっかけは何だったのかなどから、その子がどうして泣いているのか母親は推察できるようになります。また、赤ちゃん（子ども）も【不快→表出→受容→解決（快）】の循環を繰り返しすることで、安心して表出し、表現してよいことを学び取っていきます。つまり、「表出」を受け止める側が理解し、受容すること。これが表現の成長を支える上でとても大切になります。子どもの表現の成長は、一方的に表現することだけで成立するものではなく、表現と受容の往還によって成立するものであり、受け止める側の反応や理解が不可欠なのです。「表出」も、受け止める側が理解と反応を示すことで、子どもは「わかってくれた」という安心感を得ると同時に、「こういうときはこうすればいいんだな」という学びの経験を強化していきます。そうした試行錯誤の繰り返しによって、「表出」は伝達意図をもった「表現」へと変容していくのです。これが表現の成長です。

2 ──表現の過程

　表現をする前の段階として、まだ心の内側にあって外に現れ出ていないものの存在を「表象」と言います。この表象はどのように生まれるのでしょうか。人は何か心を動かす出来事などに触れると、情動が起こります。素晴らしい音楽を聴いたとき、楽しいショーを見たとき、美しい自然に触れたとき。感動したり、心が踊ったり、涙を流したり、様々な形で感情が喚起されます。経験、観察、記憶、イメージ、思考、情動、感覚、感情などが絡み合って起こす心の動きであり、ランガー（Langer, S.K.）はこれを「内的経験」と呼んでいます。この内的経験が表象として心の中に形成され、それを外に表し出すことが「表現」です。したがって、表現の成長を支えるためには、この内的経験を充実させていくことが重要です。

　「幼児期の終わりまでに育ってほしい姿」（10の姿）の中に「豊かな感性と表現」という項目があります。「心を動かす出来事などに触れ感性を働かせる中で、様々な素材の特徴や表現の仕方などに気付き、感じたことや考えたことを自分で表現したり、友達同士で表現する過程を楽しんだりし、表現する喜びを味わい、意欲をもつようになる」とあります。「心を動かす出来事などに触れ感性を働かせる中で、様々な素材の特徴や表現の仕方などに気付」くことは、内的経験の充実と同義と捉えられるでしょう。

　では、どのようなときに人は心動かされるのでしょうか。小島ら（1998）によれば、「外界とのズレを感じとったときに『内なるもの』が生まれる」といいます[1]。つまり、自己の認識と異なるものに出会ったとき、これまで経験したことのないものに出会ったとき、心動かされ、表現の源となる新たな表象が形成されるのです。

　公園や園庭の落葉を踏んだ際に、ただ見過ごすのではなく、「面白い音がするね」といった保育者のつぶやきがあれば、子どもたちは葉っぱの音に耳を傾けるでしょう。「葉っぱにもいろいろな色があるね」といった一言で、子どもたちは色の微妙な違いに関心をもつでしょう。あるいは、子ども自身がそうした発見をするかもしれません。日常の中で、そのような心動かす出会いを子どもたちと一緒に積み重ねていきたいものです。

自然の生み出す様々な色
や形の美しさ、面白さを
実際に感じてみましょう

3 ——母親と乳児の関係性からみる表現と援助

　乳児の言葉の獲得過程における養育者と乳児の関係性も、子どもの表現を支えていくためのヒントが詰まっています。発達初期の赤ちゃんは、外国語の音を含めた多くの音を聞き分ける優れた耳があることがわかっています。生後半年の日本語を母語とする赤ちゃんは、成人には区別の難しい英語の「r」と「l」の違いなども聞き取ることができます。しかし、1歳頃までにはこの聞き分け能力が低下し、自らが生きていく上で必要とする音の聞き分け、環境の言葉に適した音声の聞き取り方を身につけていきます。赤ちゃんは言葉をいきなり理解し、話し始めるわけではなく、まわりの音を聞き取りながら、少しずつ音の区別を理解していきます。また、自らも口から音を発し、出た音を楽しみ、様々な声を試し、周囲の反応を敏感にキャッチし、徐々に言葉が形成されていきます。

　この言葉の獲得の過程の中で必要不可欠なのは、母親など養育者の受容と共感的応答です。目の前に赤ちゃんがいると、多くの大人は発する声の抑揚が大きくなります。言葉で声をかけますが、その声の抑揚はあたかも歌のように音域の幅が広がります。これを「マザリーズ（motherese）」といいます。かつては母親ならではの特別な音声特徴という認識でしたが、近年では母親の発話に限らないことを明確にするため、「IDS（Infant Directed Speech：対乳児発話）」という言葉が一般的となりました。養育者は、赤ちゃんの発した声を真似したり、「どう／したの╲」「おなか／すいたの╲」などと語りかけたりしながら、赤ちゃんとのコミュニケーションをとります。このマザリーズ(IDS)による直接的な声のやりとりを楽しみながら、赤ちゃんは言葉による表現を学習していくのです。直接的なやりとり、双方的なコミュニケーションが子どもの表現の成長を支える上で不可欠なのです。

4 ——子どもの表現を育むための援助または保育者の役割

　保育内容領域「表現」のねらいは、これまでに述べてきた表現の特性と成長過程の延長線上にあるものと言えます。幼稚園教育要領や保育所保育指針の中に「感じたことや考えたことを自分なりに表現することを通して、豊かな感性や表現する力を養い、創造性を豊かにする。」（傍点筆者）と示されています。この「自分なりに」という言葉に着目してみましょう。人は誰でも自分の考えや感じたことを他者に伝えるための技術や方法を初めから身につけているわけではありません。成功や失敗を繰り返し、試行錯誤しながら表現する術を身につけていきます。子どもはその成長の過程にいます。「自分なりに」とは、今、その子がもっている表現技術や表現方法を大切

していくということです。一見、拙く思えるような素朴な表現であっても、その子が表現しようとする意欲を保育者は理解し、受け止めてあげたいものです。

　ボウルビィ（Bowlby, J.）は養育者と乳児との間に成立する情緒的な絆を「アタッチメント（attachment）」と提唱しました。愛着関係が形成されることによって、自らの行動で環境を変化させることができるという有能感を高められるほか、養育者とのやりとりから感受性が育まれることがわかっています。これは発達心理学の領域において「一者の情動の崩れを二者の関係性によって調整する仕組み」であるとされています[2]。

　表現の成長を支える上で大切なことは、保育者と子どもの間でなされる表現と受容の往還、表現のキャッチボールです。保育者は子どもの表現に対し、否定をせず、まずは受け止め、共感すること。子どもに安心感を与え、表現しようとする意欲や自己肯定感を育むよう心がけることが大切です。

子ども一人一人の表現しようとする意欲を受け止め、遊びや生活の中で様々な表現を楽しめるようにしましょう

演習1

1. 身近な自然や生活の中で、心を動かした出来事を紹介し合いましょう。
　また、なぜ心が動いたのかについて話し合ってみましょう。
2.「こんにちは」と挨拶するとき、対象によってどのような言い方になるでしょうか。
　声の高さの変化、速度の変化などに注目して考えてみましょう。
　①赤ちゃん　②友だち　③先生

引用文献
1）　小島律子・澤田篤子編『音楽による表現の教育―継承から創造へ―』晃洋書房　1998 年　p.5
2）　日本赤ちゃん学会監修　小西行郎・志村洋子・今川恭子・坂井康子編『乳幼児の音楽表現』中央法規　2016 年　p.48

Column 1

表現を生み出す環境づくり

保育園に就職して3年目の卒業生が、5歳児クラスの担任になった報告に来ました。年長の担任はやりがいとともに責任も大きいようです。「忙しいでしょう」と問うと、「そうなんです。忙しくて保育できないんです」との言葉が返ってきました。思わず「どういうこと?」と聞き返しました。その園では英語、体操、リトミック、茶道…と毎日何かの特別教室が入っているため、担任はスケジュール通り子どもを動かすことに神経を使うのだそうです。事前に、講師の指示通りの準備もしておかなくてはいけませんし、終わったら次のクラスの邪魔にならないよう移動します。「授業」の隙間に遊ぶ時間はありますが、「〇時に集合させなくては」「〇〇の準備をしなくては」ということばかり気になり、じっくり子どもに向き合う余裕がないというのです。

これでは子どもの主体的な遊びはもちろん、表現も育ちません。遊びの「三間」をご存知でしょうか。「時間」「空間」「仲間」のことです。保育において遊びが重要であることは常識ですが、「30分時間があるから遊びなさい」と言われて遊べるものではありません。うろうろまわりを探索したり、面白そうなものに触れたり、友だちがしていることを見たり…など、目的の定まらない時間こそが自分のしたいことを見つけるのに必要です。つまり、心の自由な時間や空間が大切なのです。友だちともすぐ仲良く遊べるわけではなく、真似したり仲間外れにされたりけんかをしたりという経験を通して対等な仲間として遊べるようになるのです。英語や体操教室が子どもに無理をさせない楽しい活動であったとしても、指導者の「ねらい」に沿った参加が求められており、子どもは自分の気持ちを自由に出せません。

また、表現には「心が動く」体験が必要です。豊かな表現は感性とともに育まれます。領域「表現」の「内容の取扱い」に、「風の音や雨の音、身近にある草や花の形や色など自然の中にある音、形、色などに気付くようにすること」と書かれています。自然は感性を育んでくれる素晴らしい環境です。大人の目にはありふれた草花や虫などでも、子どもはその美しさや不思議さに魅せられてじっと見つめたり触れたりします。その姿を見守り、思いに共感できる保育者の存在が重要です。子どもの思いは親しい大人に受け止められることによって表現になるのですから。

そして、子どもが心を動かされたことを絵や歌などで表現できる物(物的環境)も必要です。子どもの表現意欲を引き出す魅力的な素材や道具が整えられたアトリエや様々な楽器の音を出したりCDなどで音楽を聴いたりできる部屋があると子どもは自分なりに表現することを楽しむようになります。

もちろん専門家による特別教室や保育者が主導する表現活動が子どもの興味を広げ、自発的な表現活動に結びつくこともあるでしょう。しかし、表現を育む基本は、子どもが自由にゆったりと感性を育む環境を整えることです。

第　章

2

領域「表現」のねらいと内容および評価

　この章では、時代の流れとともに示されてきた、行政指針における教育内容の歴史的変遷に着目しながら、「表現」の領域の特性や教育的意義について考えてみましょう。

1 ──なぜ「表現」か

　オックスフォード大学の研究者が 2013 年に発表した論文、「雇用の未来─コンピュータ化によって仕事は失われるのか」[1] は、大きな話題になりました。コンピュータの技術進歩によって、今後 10 ～ 20 年で現在の職業の半数くらいはなくなるというのですから、子どもたちの将来に不安を感じた人が多いと思われます。実際、すでに様々な書類の発行が自動化され、スーパーにはセルフレジが並び、介護ロボットや医療ロボットの開発も進んでいます。今後、人の手を経ずにできることはますます増えていくでしょう。これから訪れる Society 5.0（超スマート社会）は、「人工知能（AI）、ビッグデータ、Internet of Things（IoT）、ロボティクス等の先端技術が高度化してあらゆる産業や社会生活に取り入れられ、社会の在り方そのものが非連続的と言えるほど劇的に変わる」[2] と言われています。目覚ましい情報技術の進歩によって、かつて人々が経験したことのないスピードで世の中が変わろうとしているのです。

　こうした時代において、領域「表現」の意義をどのように考えたらよいでしょうか。「表現」は「感性と表現の領域」であり、その主旨は「感じたことや考えたことを自分なりに表現することを通して、豊かな感性や表現する力を養い、創造性を豊かにする」とあります。「感性」や「創造性」はコンピュータの苦手とするところです[3]。前述の論文によると、「残る仕事」の上位にはレクリエーション療法士やソーシャルワーカーなど、コミュニケーション能力や柔軟な判断力が求められる仕事が入っています。コンピュータ（AI）は人間の言葉を文章化することはできても、微妙なニュアンスやその時の表情から背景にある意味を理解することはできませんし、「以心伝心」は通用しません。「感じること」はまさに人間の能力なのです。このように考えると、領域「表現」はコンピュータで代替できない分野であり、人間らしく豊かに生きるために欠かせないものだと考えられます。

2 ——領域「表現」設立の経緯

　学校教育法によって幼稚園が学校に、児童福祉法によって保育所（託児所等）が児童福祉施設として位置付けられたのは昭和22（1947）年です。その翌年（1948年）、文部省（当時）は保育内容を示す文書として、「保育要領―幼児教育の手引き―」を刊行しました。保育内容は「領域」ではなく「楽しい幼児の経験」として示され、次の12項目でした。

　　　見学、リズム、休息、自由遊び、音楽、お話、絵画、製作、自然観察、
　　　ごっこ遊び・劇遊び・人形芝居、健康保育、年中行事

　「手引き」というだけあって、実際の保育実践を踏まえた具体的な項目になっています。また、「楽しい幼児の経験」という表現には、幼児の主体的な遊びを重視する保育の考え方が示されています。昭和31（1956）年、保育要領が全面的に改訂され「幼稚園教育要領」となり、保育内容は「健康、社会、自然、言語、音楽リズム、絵画製作」の6領域で示されました。さらに、平成元（1989）年の改訂によって、6領域が現在の「健康、人間関係、環境、言葉、表現」の5領域に編成されました。以上の経緯を単純にまとめるなら、保育要領の「リズム」と「音楽」が「音楽リズム」に、「絵画」と「製作」が「絵画製作」になり、さらに「表現」として一つにまとめられたということになります。

　「表現」という言葉自体の意味は広く、つかみどころがない感がありますが、なぜこの名称になったのでしょうか。そこには保育内容を既存の文化の枠組みで捉えるのではなく、子どもの発達の側面から捉えようとする意図があります。生まれたばかりの乳児が泣くのは生理的な現象ですが、愛情を込めた世話を受ける中で「甘え泣き」のように、周囲の大人に自分の要望を伝える表現的な要素も含まれるようになります。2、3か月頃から発する喃語も、はじめは言葉としての意味をもちませんが、大人に受け止められる嬉しさや安心感の中で積極的に声を出し、声をコントロールするようになります。次第に抑揚が豊かになり、10か月を過ぎると「マンマ」などの意味のある言葉を発します。まわりの人とのコミュニケーションを楽しむようになるのです。歌ったり絵を描いたりする表現活動はその延長にあると言っていいでしょう。そう考えると、保育において大切なことはまず素直に、自分の気持ちや思いをほかの人に伝えようとすることであり、それを受け止めてくれる大人がいることになります。子どもの表現の発達には大人との信頼関係が前提になるのです。

　一方、「音楽リズム」「絵画製作」などの名称では、子どもの表現意欲を重視するというよりは大人が教えることに重点が置かれがちです。標準的な発達段階に照らし合わせ、「〜ができた」「まだ〜ができない」という見方をして「できるように」指導し

ようとする傾向が見られました。実際に、6 領域時代には、本格的な合奏指導や特別な音感教育、小学校を先取りした授業などを行う園が多くありました。一生懸命練習した成果を披露することで得られる満足感や自信もあると思いますが、素朴な憧れや気づき、子どもなりの試行錯誤の過程を経ずに大人の求める表現の形を強いるのであれば保育ではありません。自分自身の思いから出た表現ではないからです。子どもは表現を親しい大人に受け止めてもらうことによって喜びを感じ、さらに工夫したり上手になりたいと努力したりする意欲をもちます。その繰り返しの中で多様な表現の方法や技術を身につけるのです。また、自分自身の表現を受け止められる喜びが、他者の表現を受け止める気持ちにもつながります。

3 ──領域「表現」のねらいと内容

　3 歳以上児の保育のねらい及び内容は、幼稚園、保育所、幼保連携型認定こども園に共通です。3 歳未満児については保育所、幼保連携型認定こども園に共通ですが、ここでは「保育所保育指針」から見ていきます。

1 乳児の保育内容

● 3 つの視点

　乳児の初期は、感情や物事が自分の中にあるのか自分以外のものにあるのか曖昧な「内外未分化」（自他融合）の状態にあると考えられています。人や物とかかわる中で、自分の体を認識したり出来事を理解したりしながら「自分」を形づくっていきます。こうした特性から、5 領域に分ける前の段階として、次の 3 つの視点で保育内容を捉えています。この 3 つの視点は重なり合い影響し合って諸側面が発達していくのです。

> ア　身体的発達に関する視点「健やかに伸び伸びと育つ」
> イ　社会的発達に関する視点「身近な人と気持ちが通じ合う」
> ウ　精神的発達に関する視点「身近なものと関わり感性が育つ」

●表現の基盤になる大人との関係

　乳児は、身近な大人が発する特徴のある音や声、擬音などに興味を示します。保育者が子守唄を歌うと顔をじっと見ながら「聴いて」います。聞き慣れた声、身体に触れられたり揺らしたりしてもらうことで感じるリズムなど心地良いのでしょう。「3 つの視点」のウの内容に「保育士等による語りかけや歌いかけ、発声や喃語等への応答を通じて、言葉の理解や発語の意欲が育つ」とあるように、言葉や歌によって表現

することにつながっていきます。身近な大人の声がモデルとなり、乳児は同じ音を出そうとするのです。つかまり立ちができる頃（10か月前後）には、音楽のCDをかけたりDVDを見せたりすると体を揺すって喜ぶ様子が見られるようになりますが、乳児にとって何より魅力的な環境は「身近な人」です。特定の保育者との愛着関係が子どもの表現意欲を引き出し、モデルともなるのです。

事例 ①

表情と声によるコミュニケーション

　6か月のタイチは、あやされるとよく笑う。あるとき、保育士が何気なく発した「ガッ」という声に反応して笑った。そこで顔の前で大げさな表情をしながらもう一度「ガッ」と言ってみるとケラケラと笑った。それから何度繰り返しても笑い、止めると「もっと」という表情で保育士を見ている。あまりに嬉しそうに笑うためほかの音でも試してみようと思い、握ると音がするおもちゃ人形を目の前で鳴らしてみたところ、一瞬驚いたような表情をして泣き出した。

　タイチはまだ「いないいないばあ」やわらべうたにはあまり反応しませんが、保育士が抑揚をつけて名前を呼んだりくすぐったりするときには嬉しそうに笑います。この事例では単に「ガッ」という声の繰り返しですが、互いに笑い合うやりとりを楽しんでおり「気持ちが通じ合う」体験と言えます。ところが、急におもちゃの人形の異質な音を聞いたので驚いたのでしょう。タイチが面白がっていたのは、「ガッ」という声だけではなく、保育士がタイチに向ける表情と応答的なやりとりだったのです。これは、「3つの視点」のイの内容である「子どもからの働きかけを踏まえた、応答的な触れ合いや言葉がけによって、欲求が満たされ、安定感をもって過ごす」「体の動きや表情、発声、喃語等を優しく受け止めてもらい、保育士等とのやり取りを楽しむ」体験です。したがって保育士は、コミュニケーションの手段としてわらべうたやあやし言葉、子守唄のレパートリーをもつことが望ましいのですが、大切なことは技術ではなくそれらを通して愛情を伝えることです。

● 領域「表現」のねらい

> ① 身体の諸感覚の経験を豊かにし、様々な感覚を味わう。
> ② 感じたことや考えたことなどを自分なりに表現しようとする。
> ③ 生活や遊びの様々な経験を通して、イメージや感性が豊かになる。

● 「感覚」の育ち

　1歳以上児の保育内容では、各領域に3つずつねらいが示されていますが、これは心情から意欲へ、意欲から態度へというおおまかな育ちの順序を表しています。3歳未満児ではまず心情に当たるのは「感覚」であり、それが出発点ということになります。

　人には、視覚、聴覚、嗅覚、味覚、触覚の5つの感覚があります。乳児が自分の手や足、おもちゃなど何でも舐めるのは触覚を通して物の形や大きさ、素材の特徴などを確認しているのです。1歳以上になると、より盛んに五感を働かせて探索活動を行うようになります。小さな虫をつまんでみたり泥水に手を入れたりしますから目が離せませんが、好奇心の赴くままに見たり触ったりすることは大切な経験になります。のびのびと活動できる安全な環境を確保しましょう。そして子どもが感じていることに言葉を添えるようにします。「おいしいね」「いたかったね」「お花、きれいだね」などと言葉を添えることによって乳幼児は感覚を言葉で整理し、いずれ自分の思いを言葉で表現するようになります。

事例 ②

身近な大人に受け止められる安心感

　台風が近づいている影響で強風が吹いていた日のこと、保育士はもうすぐ1歳になるシンを抱いてベランダに出た。ヒューヒューと音を立てて木の枝や葉が激しく揺れる様子に見入っていたシンは保育士を振り返りながら、「あー、あー」と声をあげる。保育士は「すごい風ねえ。ヒューヒューって言ってるねえ」と応じる。時折、シンは保育士を振り返りながら、しばらく見ていた。

　シンは強風が吹き荒れる様子を目の当たりにして、驚きや怖さなど様々な感情をもったのでしょう。まだ自分で自分の感情を整理したり自覚的に表現したりできる年

齢ではありませんが、「あーあー」という声を出すことで何かを保育士に伝えようとしています。感性は、このような自然とのかかわりの中で育つ面が大きいのです。自然には人間がどんなに工夫してつくったものよりも変化に富み面白さがあるからです。しかし、部屋の中からガラス越しに見ていただけなら、これほど関心を示したでしょうか。大好きな保育士に抱かれてベランダに出て草木が激しく揺れる様子を見、直接音を聞き、身体で風を受けたからこそ保育者に向けて声をあげたのでしょう。

　そしてその思いを受け止める保育士の存在も重要です。強風の中でしっかり抱かれていることで安心し、「すごい風ねえ」という言葉によって、自分の思いが受け止められた喜びを感じたことでしょう。

事例③

生き物に触れる

　2歳のナオがプリンカップにダンゴムシを集めている。花壇の石の下にダンゴムシがたくさんいることを知って次々に石をひっくり返すのだが、夢中になっている様子を見ると注意することもためられ、しばらく見守っていた。すると、今度はダンゴムシでいっぱいになったカップに水を入れている。「ナオちゃん、ダンゴムシさんかわいそうだよ」と言うと、悪びれた様子もなく地面にぶち撒けた。

　この時期の子どもは虫やカエルなど小さな生きものを物のように扱います。ナオは、指先で小さなものをつまむことができるようになり、動くものを止めたいのです。まだ自己中心的な世界で生活しており、命の大切さを理解するには至っていません。ナオはダンゴムシが大好きなので、暑いだろうと水を入れたのかもしれませんが、結果的には大切に扱うことに結びついていません。子どもは程度の差はあってもこのような残酷に見える行為をしますが、それも含めて生き物にかかわることでその生態を知り、いずれ命の大切さにも気づくようになるのです。この場面での対応の仕方には様々な考え方があると思いますが、大人の価値基準で「悪いこと」と決めつけるのは避けたいものです。

　領域「表現」の内容には、「水、砂、土、紙、粘土など様々な素材に触れて楽しむ」「生活の中で様々な音、形、色、手触り、動き、味、香りなどに気付いたり、感じたりして楽しむ」とあります。人工的な環境で経験できることは限られますが、自然は五感を刺激するものに溢れています。都市化が進んだ現代の家庭では難しくなっているだけに、保育の中で土や草木、虫など自然に触れて心を動かす経験が大切になりま

す。ダンゴムシをもてあそぶことを勧めるわけではありませんが、ナオにとって五感を用いて自然に触れる貴重な体験だったことは間違いありません。

　なお、後日、事例の保育士はダンゴムシになって動くリズム遊びをしたりダンゴムシの絵本を読んだりしたそうです。罪悪感をもたせるのではなく、まずダンゴムシに親しむことで、いずれは命の大切さに気づいてほしいと考えたとのことです。

●表現の方法や素材

　表現が育つために、まず生活の中で心が動く体験があること、それを伝えたくなるような親しい大人との人間関係があることが前提となります。さらに、発達に応じて声や歌、言葉や絵を描くことなどを知ることで表現はより豊かになるのです。

事例 ④　　友だちの名前を入れて歌う

　保育所でお誕生会をした翌日のことである。2歳のユウヤは、昨日歌ってもらった「おめでとうたんじょうび」を突然歌い始めた。すると、横で聞いていたトモコ（1歳11か月）は歌が終わると拍手して、「次、エリちゃん」と言ってユウヤと一緒に同じクラスのエリの名前を入れて誕生日の歌を歌った。終わるとまた、「次、マサくん」「次、うさぎさん」と友だちや動物の名前を入れて10回以上も繰り返し歌った。

　ユウヤは昨日、みんなに祝ってもらった嬉しさを思い出し、歌い始めたのでしょう。トモコは自分の番が来るのを楽しみにしているのかもしれません。そんな二人の気持ちが、友だちの名前を入れて一緒に歌うという表現になったと思われます。2歳前のトモコは自分の誕生日が年に1回あるということや、12か月の順番を理解しているわけではありませんが、誕生会はみんなに「おめでとう」と言ってもらえる嬉しい日であることを知っています。誕生会を楽しみに待つことができるのは、時間の流れがわかるという大きな発達です。そして、友だちへの関心や親しみの気持ちが育っていることもうかがえます。昨日の主役は自分ではなかったのですが、大好きな友だちの名前を入れながら歌うことで嬉しい気持ちを共有しているかのようでした。

　また、この事例からは簡単な曲を歌える音楽能力や言葉遊びができる語彙の豊かさの育ちもうかがえます。それには、領域「表現」の内容に「音楽、リズムやそれに合わせた体の動きを楽しむ」「歌を歌ったり、簡単な手遊びや全身を使う遊びを楽しんだりする」とあるように、日々の保育の中で保育者と歌やリズムを楽しむ経験が生かされています。大人に歌を歌ってもらう経験がなければ、事例のように言葉を入れ替

えて歌う楽しみを知ることもないでしょう。それは特別な指導の時間を設けるということではなく、生活の様々な場面を通じて行われるものです。園生活の中に音楽やアートなどが自然にあること、大人や年長児が表現活動を楽しむ姿があることです。そうした日々の経験の積み重ねによって、歌や描画などを自分の表現の道具として使うようになるのです。

３ 3歳以上児の保育内容

● 領域「表現」のねらい

① いろいろなものの美しさなどに対する豊かな感性をもつ。
② 感じたことや考えたことを自分なりに表現して楽しむ。
③ 生活の中でイメージを豊かにし、様々な表現を楽しむ。

● 「楽しさ」の質を問う

　先に、3つのねらいが育ちの順序を示すことを述べましたが、3歳以上児では「楽しむ」ことがねらいとして繰り返されている意味を考えてみましょう。活気にあふれて子どもたちが興奮状態にあるような姿はいかにも楽しそうに見えますが、ただエネルギーを発散させているだけの場合もあります。反対に、静かに集中する「楽しむ」もあります。また、友だちと思いの違いでトラブルになったり上手くできなくて悔し涙を流したりすることも、長いスパンで捉えると「楽しむ」と言えることもあるでしょう。「楽しむ」という言葉を表面的に捉えるのではなく、その質を問うことが必要です。

　ある保育園を訪問したとき、5歳児クラスの子どもたちがオペレッタを見せてくれたことがあります。その作品は発表会用オペレッタのCDによるものだったのですが、CDを流すのではなく保育者がピアノ伴奏をし、セリフも歌も子どもたち自身の声によるものでした。とても上手に演じていましたが、筆者は違和感を抱きました。なぜなら子どもの表現が、CDの声優のイントネーションから微妙な間の取り方までほとんどコピーだったからです。おそらく何回もCDを聴いて覚えたのでしょう。子どもたちはそれぞれに堂々と演じており、楽しんでいるように見えました。しかし、それは既製品の表現を真似たものであり、子どもたち自身が感じたことや考えたことを自分なりに形にしたものとは言えないのではないでしょうか。子どもたちの気づきや表現方法の工夫が見られないからです。そうした活動を通して友だちと協力したり自信をつけたりすることを否定するものではありませんが、それは領域「表現」の目指す「楽しさ」ではないのです。

　「表現」を含めて各領域のねらいは、到達目標ではなく方向目標として示されています。つまり、結果に至る過程が重要であるということです。別の園で見せていただ

いた5歳児のオペレッタでは、前半と後半で白雪姫役が交代していました。希望する女の子が二人いたため、子どもたちで話し合ってダブルキャストにしたのだそうです。このように、話し合いも含め、一人一人の思いを受け止め、イメージを共有し、保育者の援助によって形にしていく過程が大切なのです。だからこそ、保育の集大成的な意味合いでオペレッタなどを発表する意義があるのです。発表会用CDやDVDなど便利な表現の教材を安易に用いることで、個性豊かな表現を育てる機会を失うこともあるのです。

●表現活動の広がり

　合奏や歌唱などは、いわゆる一斉的な活動として設定されることが多い表現活動ですが、一人一人の興味関心は様々ですので、常に自発的な取り組みになるわけではありません。また、5歳児になると音楽的な能力の個人差が表れるようになります。だからと言って集団での活動が難しいということではなく、様々なトラブルを経験しながらも友だちと遊ぶ楽しさを知った年長児だからこそ味わえる表現の楽しさがあります。つまり、一人一人では経験できない楽しさです。

事例⑤

歌の「改造」を楽しむ

　年長のカズキとケイスケが二人で「カエルの合唱」を歌っている。最近、帰りの会などにクラスで輪唱している曲である。しばらくして二人が、「僕たち、カエルの歌、改造したから聞いて」という。カズキが「カエルの歌が〜」と一人で歌い、ケイスケがフレーズの区切り毎に「クワッ」と合いの手を入れる。「へえ、面白いね、なかなかよくできてるよ」と褒めると顔を見合わせて嬉しそうだった。それからほかの子どもや先生にも得意になって歌い、しばらくすると「次は何の歌を改造しようか」と相談していた。

　カズキたちの「改造」は輪唱になっていないのですが、本人たちは「できていない」とは思っておらず、むしろ自分たちの思いつきに得意満面です。保育者もまた、その発想を認め、カズキたちなりに楽しんでいることを受け止めています。保育者が輪唱という表現方法を提示したことで気づいた音楽の楽しみ方であり、その子なりの意欲や自信につながったのです。輪唱や合唱、合奏などは一人ではできません。3歳児は自分が歌いたいから歌い、相手に合わせる意識はほとんどありません。ところが5歳児になると、多くのトラブルを経験する中で、相手のことを思いやったり全体の中の自分の役割を考えたりするようになります。そうしてルールのある鬼遊びやドッ

チボールなどを楽しめるようになりますし、音楽表現においても、全体のまとまりを考えたり相手のタイミングに合わせたりして声を出したり、楽器を鳴らしたりできるようになるのです。

　ただ、一斉的な活動が子どもたちの主体的な表現になるためには、「先生たちのようにきれいに歌いたい」「年長さんのように格好よく演奏したい」と思えるような具体的なモデルを示すことが必要です。それが子どもたちの目指す共通のイメージになったとき、表現への大きな意欲になります。そしてその場に、「できる、できない」を超えた全体を包み込む楽しい雰囲気と自分の表現を受け入れてもらえるという安心感があれば、それぞれに表現方法を工夫したり考えたりし始めるのです。

　外部講師によってマーチングバンドやリトミック、絵画などの特別指導を行う場合も同様です。全体を包む楽しい雰囲気があり、ある程度一人一人の自由な表現が認められるものであることが大切です。講師と保育者が対等な立場になって活動を評価し、体験が一人一人の表現として生かされているかどうかを問うことが必要でしょう。幼稚園教育要領には「特に必要な場合には、各領域に示すねらいの趣旨に基づいて適切な、具体的な内容を工夫し、それを加えても差し支えないが、その場合には、それが第1章の第1に示す幼稚園教育の基本を逸脱しないよう慎重に配慮する必要がある」（保育所保育指針、幼保連携型認定こども園教育・保育要領も同様）とあります。表現活動は保育者の熱心な指導によっては目に見える結果を出すことができるだけに、発達の特性を踏まえた上で偏った指導にならないよう留意したいものです。

4 ── 「表現」にかかわる保育実践の評価

　平成29年の改訂において、小学校以降の教育につながる「育みたい資質・能力」と、その具体的な姿として「幼児期の終わりまでに育ってほしい姿」（10の姿）が示されました。これらは「育ってほしい」という表現からもうかがえるように、保育の到達目標ではなく0歳からの保育が目指す方向を示したものであり、短期・長期の計画作成とその振り返りにおいて、子どもの育ちを確認し保育を見直していく際の指標となるものです。

　領域「表現」に最も関連が深いのは10番目の「豊かな感性と表現」でしょう。しかし、解説に「豊かな感性と表現は、領域『表現』のみで育まれるのではなく、（中略）保育活動全体を通して育まれることに留意する必要がある」とされているように、総合的に捉えることが必要です。

　例えば、音楽的な活動の場でも楽器選びやグループ分けなどで小さなトラブルが起きることがあります。経験が少ない低年齢児や入園間もない頃には特にそうです。多くのトラブルの経験を重ねたり、一緒に遊んで「楽しかった」という思いをもてるよ

うになると徐々に落ち着いてきます。そして5歳児にもなるとお互いの性格がわかり人間関係も広がり、役割意識や園生活での見通しをもてるようになります。それにつれ自分たちで話し合ったり譲ったりしてトラブルを解決するようになります。そこには音楽面の育ちだけでなく、同時に、「協同性」や「自立心」といった生活面での育ちも見られます。

事例⑥

表現と子どもの総合的な育ち

　5歳児クラスの12月の発表会で、合奏をすることになった。子どもたちに好きな楽器を選ばせたところ、それまであまり音楽活動に関心がなさそうに見えたリョウとタケルがメロディーを担当するトーンチャイムを選んだ。リョウは普段の生活の中で何か思い通りにいかないことがあると泣くことが度々あった。保育者が心配した通り、練習を始めるとすぐに「できん」と泣き始めた。保育者はほかの子にもそうしたように「今から楽器をかえてもいいよ」と声をかけたがリョウは拒否し、涙をふきながらも練習を続けた。また、タケルは緊張しやすく、行事などでは何度もトイレに行く子どもである。そのタケルが希望したのは、曲の始まりの重要な音「ド」である。当日はかなり緊張することを予測して、いつでもトイレに行けるようにと副担任が待機することになった。ところがその必要はなく、リョウもタケルも自分のパートを堂々と演奏し、保護者から大きな拍手をおくられ満足そうだった。よく泣いていたリョウは、その頃にはめったに泣かないようになっていた。

　リョウが泣きながら練習している姿を見ると、いかにも保育者が厳しく指導しているように思うかもしれません。しかし、実際はそのような雰囲気ではなく、自由な遊びの時間に代わるがわるリズム室に来て練習しており、その期間は1か月程度です。リョウが泣いたのは音楽的にタイミングが合っていないことがわかるからですし、泣いて終わらせるのではなく自分で決めたことはやり遂げたいという自立心の育ちでもありました。保育者は4月から継続的に楽器を使う活動を指導計画として作成し、誕生会や運動会で披露する機会を設けてきました。その積み重ねがあったからこそ、リョウには最後の発表会をみんなとやり遂げたいという強い思いが生まれたのでしょう。タケルもいつの間にかトイレに行かなくなっていました。たまたまそういう時期だったのかもしれませんが、自分の役割への責任感と自信の表れと考えることもできます。

　発表会や作品展など表現活動の披露は、領域「表現」に関する保育の評価の機会になります。しかし、それは作品などの出来栄えを評価することではなく、一人一人の

子どもの育ちを確認することです。上手にできたかどうかではなく、その子の育ちがどのような状態にあるのかを探り確認することが毎日の保育でもあるのです。高度な合奏ができたとしても、その後に子どもたちが自ら楽器を使おうとしなかったり自信を無くしてしまったりするなら、その在り方を見直す必要があるでしょう。また、保護者が発表の出来栄えだけで子どもを評価しないよう、その過程と保育者の意図を丁寧に伝えていくことも保育者の役割です。

　音楽が得意だったり絵が上手に描けたりすることはその子の個性として尊重されるべきですし、それらを楽しむことは人生を豊かにしてくれます。しかし、これまで述べてきたように、領域「表現」のねらいは特定の表現活動の能力を伸ばすことではなく、様々な表現手段を知ることで自分の思いや考えを適切に表現できること、表現を通して人や物とのかかわりが豊かになることです。これが、表現を総合的に捉えるということです。また、発表会などを通して子どもの育ちを評価することは、保育者自身の表現者としての在り方や価値観を見直すことにもつながるでしょう。

演習 2

　領域「表現」における行事の位置づけについて、あなたはどのように捉えますか？ 行事のねらいや内容の在り方について、あなたが考えることを記してみましょう。

引用文献

1) C.B. フレイ・M. A. オズボーン「雇用の未来」（THE FUTURE OF EMPLOYMENT：HOW SUSCEPTIBLE ARE JOBS TO COMPUTERISATION？）
2) 文部科学省　Society5.0 に向けた人材育成に係る大臣懇談会『Society5.0 に向けた人材育成～社会が変わる、学びが変わる～』平成 30 年 6 月　p.2
3) 新井紀子『AI vs 教科書が読めない子どもたち』東洋経済新報社　2018 年　p.170

Column 2

保育者のかかわりの重要性

　担任の保育者が、音楽が好きだったり得意だったりすると、子どもも音楽好きになるというのはよくあることです。幼稚園教育要領の領域「表現」の解説に「教師などの大人が、歌を歌ったり楽器の演奏を楽しんだりしている姿に触れることは、幼児が音楽に親しむようになる上で、重要な経験である」と記されているように、音楽に限らず、保育者は子どもにとって最も影響力のある表現のモデルなのです。しかし、保育者が音楽や造形活動が得意で熱心なあまり、「押し付け」になっている場合もあります。

　筆者が時折訪問していた保育園でのことです。音楽好きで元気のよい担任の先生を中心に、10人余りの年長児のよくまとまった雰囲気のよいクラスでした。筆者がリズム遊びをしたときのこと、ピアノに合わせて走ったり歩いたりするとき、必ず先生が最初に声を出すのです。「走るよ」「ほら止まって」「ゆっくり歩くよ」という具合に。子どもたちは音楽が変わると一斉に先生の方を見て、指示に従います。どの子も楽しそうでしたが、音楽を感じているのではなく先生の反応を見て動く姿に少し残念に思いました。

　また、別の日、「ふしぎなポケット」を替え歌にして様々な色のポケットをつくる活動をしたときのことです。好きな色の画用紙をとって、それぞれに色でイメージしたものを描き始めました。ところが好きなだけ描いてよいと伝えてあるにもかかわらず、次々に「もう1枚描いてもいい?」「〇〇も描いていい?」とたずねます。担任の先生は子どもたちを見回って「もっと大きく描いたら?」などと指示を出します。決して否定的な言葉をかけているわけではありませんし、子どもたちも先生のことが大好きだということが伝わってきます。ですが、先生の気持ちや意図を意識しすぎるようにも見えました。もう少し子どもを信頼して待ってもよいのでは…と思いながら見ていました。任せられた子どもは思った以上に自分で考え、判断するものです。

　領域「表現」のねらいには「自分なりに表現して楽しむ」ことが挙げられています。担任がリーダーシップを発揮し、結束力のある子ども集団になることも時には大切ですが、いつもそうだと疲れるでしょうし、子どもの主体性が育ちません。時には子どもに任せて見守ることも必要なのです。表現においては、まず、個々の子どもが感じるまま表現したり工夫したりすることが保証され、友だち同士で刺激を受けたり協力したりして集団として表現活動が充実していくようなプロセスが大切です。保育者には、先を急がず、その時その時の子どもの活動をできるだけじっくり楽しめるように支える役割が求められます。

II

表現の
バリエーション

第 章

3 音楽表現

　保育者になるために必要な音楽表現スキルは何かをたずねると、ほとんどの学生が「ピアノ」と答えます。それほどに「音楽表現＝ピアノ」という固定的なイメージが定着しているのでしょう。たしかに、かつては保育に必要な音楽表現スキルとしてピアノは代表的なものでした。しかしそれは「表現」というよりは「再表現」に近いもので、楽譜に書かれていることを正確に演奏できることが目指され、それができると「ピアノが弾ける＝音楽表現スキルが高い」と評価されてきました。

　また、「音楽表現」というと演奏会や発表会という形態で練習成果を披露するという場面が多いことから、アウトプットの面が誇張されてしまう傾向があります。行事を成功させたいという保育者（大人）の思いが優先されてしまい、行き過ぎたパフォーマンス重視の活動が行われてしまっているという現状があります。

　インプット（感じる・考える）があって初めてアウトプットが成り立ちます。保育者は、子どもが感じたり考えたりするインプットの側面についても意識を向けることが求められます。吉永（2016）は表現される前段階のインプットの過程を「音感受」と概念化しました[1]。音感受とは「子どもが楽音（楽器音や歌声）や身のまわりの音を聴き、それについての印象を形成し、共鳴し、何らかの感情が生起し、さまざまな連想が引き起こされる」過程であると定義されています。子どもは自然の中にある音、形、色などに気づき、それにじっと聞き入ったり、しばらく眺めたりすることがあります。そうした出会いによって何かを感じ取り、イメージを広げているのです。そして感じたことをそのまま外に表し出します。こうした子どもの感性や表現の芽生えのプロセスに着目すると、子どもへの理解が深まります。

　子どもの感性や表現の芽生えに気づくためには、まず保育者自身が音や音楽に対する感性を高めていく必要があります。ここで紹介する数々の音楽表現活動を子どもたちとのコミュニケーションツールの一つとして捉え、子ども理解の視点で学びを深めていきましょう。

1 ——聴くことを中心とした音さがし・音づくり

　音はとても身近なものです。あまりにも身近で、その存在に気がつかないこともあります。音を聴くという行為は、母親の胎内にいる時期から始まっていると言われています。胎児の聴覚は、妊娠 30 週頃には音の聞き分けができることがわかっています。出生前 3 か月には男性と女性の声の聞き分けができるそうです[2]。さらに新生児は音の聞き分け能力が大人よりも優れており、すでに母語と外国語の聞き分けができるという研究もあります。このように人は母親の胎内にいる時期から音に接しており、赤ちゃんには驚くべき聴力があるのです。

　ここでは園の音環境について触れ、音を聴くことから始まる音さがしの活動や、音楽になる以前の音を使った表現遊びを中心に紹介します。

1　園の音環境について

　園の中にある音に耳を傾けてみると、様々な課題が見えてきます。園の音環境に関する研究も盛んに行われています。志村ら（1998）は、幼稚園や保育所の音環境について調査をしています。騒音計マイクを保育室天井中央に設置し、都内の私立幼稚園年長 3 クラスの騒音レベルを測定しました。結果は、「学校環境衛生の基準では、中央値が 50 ～ 55dB 以下、上端値は 65dB 以下が望ましいとされているものの、実際の保育室内の音圧レベルは、一斉に活動が行われない場合で 70 ～ 80dB、音楽を伴う活動（歌・体操・演奏など）や、走り回るなどの活発な遊びが行われる場合では、90 ～ 100dB に達するほど大きいものであった」という報告でした。100dB というのは「電車が通るガード下の騒音」に匹敵するもので、「聴覚機能に異常をきたす」というレベルの騒音です。厚生労働省が策定した「騒音障害防止のためのガイドライン」では、健全な作業環境として 85dB 未満であることが求められています。85dB 以上 90dB 未満の場合、「騒音作業に従事する労働者に対し、必要に応じ、防音保護具を使用させること」とあります。90dB 以上の場合には「騒音作業に従事する労働者に防音保護具を使用させるとともに、防音保護具の使用について、作業中の労働者の見やすい場所に掲示すること」となっています。1 日の初めと終わりに保育者の聴力検査を行ったところ、保育終了後は朝の聴力測定値を大幅に下回ったという結果も出ています。いかに園の音環境が劣悪であるかがわかります。現役の保育者の方々も気がつかないほど、この音環境に慣れてしまっているのです。それは音があまりにも身近な存在であるからです。音に意識をして園環境を見直すと、いろいろな課題や発見につながります。まずはいちばん身近にある身のまわりの音に対し、改めて関心を寄せてみましょう。あなたを取り巻く環境にはどんな音が存在しているでしょ

うか。きっと、見過ごしていた音の良さにも気がつけるはずです。

2 音を聴くことを中心とした音さがし・音づくり

カナダの作曲家、マリー・シェーファー（Schafer, M.）が提唱した概念の一つに、サウンドスケープ Soundscape があります。サウンドスケープとは、英語の Sound（音）と Landscape（風景）をかけ合わせたシェーファーによる造語です。ランドスケープは目で見る視覚的な風景であるのに対し、サウンドスケープは耳で聞く音による風景で、「音風景」などと訳されています。この概念を用いた教育手法としてサウンド・エデュケーションがあります。

筆者が授業で行っている音さがし・音づくりを紹介します。これはシェーファーが提案したサウンド・エデュケーションをもとに、著者がアレンジを加えたものです。

実 践
サウンドスケープ

準備物
・紙
・ペン

① 3分間、音を立てずに聴こえてくる音を紙にすべて書き出してみましょう。音の描写の仕方は、擬音語（ex. サー）でも、具体的な描写（ex. 外で風が吹いた）を書いてもOK。聞こえるか聞こえないかくらいの小さな音にも耳を傾けて。

② 書き出した音を友だちと見比べて、同じ音はどれくらいありましたか？
自分では気がつかなかった音はどれくらいありましたか？
友だちとの聞こえ方の違い、音の描写の違いを感じてみましょう。

③ 自分で書き出した音の中で、自然の音を「N」、人が出した音を「H」、機械の音を「T」と分類してみましょう。どれがいちばん多いですか？
どれがいちばん少なかったですか？

④ 今度はドアや窓を閉めきり、部屋の蛍光灯やマイクなどあらゆる電気をすべて消して、もう一度①の課題を1分間やってみましょう。

⑤ 1回目と2回目で聞こえ方に違いはありましたか？
あったとすればどのような違いがありましたか？

音を立てずにじっくりと聞こえてくる音に向き合ってみると、周囲のたくさんの音の存在に気がつくと思います。人との聞こえ方の違いや、自分にしか聞こえない音の存在にも気がつくのではないでしょうか。同じ音でもその描写が同じになることはありません。そのような音の聞こえ方、捉え方の違いを認識することが大切です。

ドアや窓を開け閉めする、電気を ON/OFF するなど、同じ場所でも環境を変えることで聞こえる音も変化します。天井にある蛍光灯は、電気が ON のときには「ジー…」という音を常に発しています。電気を OFF にすることでほかの音の聞こえが良

くなります。つまり、音が無くなることでその音の存在に気がつくということもあるのです。

ある幼稚園でこの課題を実施したとき、4歳の女の子が、「こうやって（頭を）振ると音がするの！」と、髪の毛が耳にこすれる音の存在に気づかせてくれました。ほかの人には聞こえませんが、たしかにその子には聞こえる音です。そのような音の気づきを保育者が受け止め、まわりの友だちにもその子の気づきを共有させることができたらどんなに素晴らしいことでしょう。

実践 場所当てゲーム

遊び方

❶ 保育者がいる場所を耳だけで当てるゲームです。子どもたちには目を閉じてもらい、音（保育者）の場所を指で追いかけるよう伝えます。

❷ 保育者はエナジーチャイム（またはトライアングル）を持ち、優しく「チーン…チーン…」と切れ目なく響かせながら部屋の中を歩きます。子どもたちは合図があるまで目を閉じたまま、音（保育者）の場所を指で追いかけます。

エナジーチャイム

準備物
・エナジーチャイム（またはトライアングル）

❸ 音が鳴り終わったところで保育者が立ち止まります。無音の余韻を少し楽しんだ後で目を開けるよう合図をします。

❹ 子どもたちは合図後に目を開け、保育者の立ち止まっている場所を指させているか確認します。

エナジーチャイムの音を頼りに保育者の場所を当てるゲームです。子どもたちも楽しく参加できます。ゲームの後に目を開けると「当たった！」「はずれた！」などという反応があることでしょう。もちろんそうした楽しみ方もありますが、ここでのねらいは音を聴くことです。

「サウンドスケープ」と「場所当てゲーム」の実践では、音の聴き方に違いがあります。「サウンドスケープ」は聞こえる音すべてに意識が向けられていたのに対し、「場所当てゲーム」では金属音1つにのみ意識を集中させていたはずです。これらの聴き方をシェーファーはそれぞれ「周辺的聴取」と「集中的聴取」と区別しています。山岸ら（1999）によれば、集中的聴取は「音の方向性や距離感が重要な、集中力を要する、コンサートホールにおける聴取」のような聴き方であるのに対し、周辺的聴取は「いかなる方向、距離からの音にも耳が開かれた聴取であり、いかなる場所からの情報に対しても開かれた聴取」と説明しています[3]。

遊び方

① 聴診器の使い方を説明します。

A）音を聴くときだけ聴診器を耳につけます（長時間つけて
いると耳に圧力がかかり痛みが生じてしまいます）。

B）音を聴くときにはまわりの人も静かにします。音に集中
するために静穏な環境をつくります。

C）同じものを複数の人で聴こうとすると雑音が入りやすく
なるため、一人ずつ順番に聴くようにします。

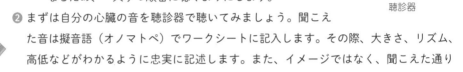

聴診器

② まずは自分の心臓の音を聴診器で聴いてみましょう。聞こえ
た音は擬音語（オノマトペ）でワークシートに記入します。その際、大きさ、リズム、
高低などがわかるように忠実に記述します。また、イメージではなく、聞こえた通り
に記述します。

③ 木、コンクリート壁、木製の壁、机、ガラス窓、水道、炭酸水、エレベーター、電子
レンジ、自動販売機、自動ドア、ピアノなど、身近にあるものを聴診器で聴いて、擬
音語で表してみましょう。

④ 子どもたちに聴かせてみたい音を一つ、自分で見つけてみましょう。

準備物

・聴診器

・炭酸水のペットボトル

・ワークシート
Word 形式

ワークシートは
ここからダウン
ロードしよう

PDF 形式のワーク
シートはここから！

聴診器で音さがし

音を聴く活動をさらに発展させ、「音さがし」をしてみましょう。その場で聞こえ
る音だけでなく、自ら音をさがします。このとき、聴診器があると活動がさらに面白
くなります。例えば心臓の音は「ドキドキ」とは聞こえないはずです。心臓が収縮す
るときの音と拡張するときの音の2つの音がペアになって、大きさの違い、高低の
違い、リズムなどが生まれます。こうした違いも他者に伝わるように意識して書く

と、文字を書くというよりも図形楽譜のようになります。一つ一つの音をそのように
感じて書き表すことで、同じ音でも感じ方や受け取り方の違いなどに気がつくことが
できます。

実　践
紙コップクイーカづくり

遊び方

① 紙コップの底の中央部分に爪楊枝で穴を開け、底側からタコ糸を通します。

② タコ糸を引っ張っても抜けないように、大きめに結び目をつくります。

③ タコ糸を濡れたハンカチなどで引っ張ると、摩擦音が紙コップ（スピーカー）を通して増幅されます。

準備物
・紙コップ
・爪楊枝
・タコ糸
・ハンカチ

クイーカで音あそび

　紙コップとタコ糸だけで、サンバなどのブラジル音楽で使われるクイーカ（cuica）
ができます。インパクトのある特徴的な音なので、キャラクターの鳴き声として使用
されることもあります。紙コップの大きさや、タコ糸を引っ張る速さを変えることで
音程が変わりますので、ニワトリやイヌの鳴き声など工夫次第でいろいろな動物の真
似ができたり、保育者が出す音から「誰の鳴き声？」などとイメージを膨らませたり
するのも楽しいです。また、童謡『ピクニック』などのように動物の鳴き声が出てく
る歌に合わせて奏でれば、合奏あそびに発展させることもできます。

　この紙コップクイーカはスピーカーとしての役割もあるため、タコ糸の先に物を吊
るすことでその音を楽しむこともできます。以下がその実践例です。

フォークの音を聴いてみよう

遊び方

① 紙コップクイーカの糸の先に、フォークを結んで吊るします。フォークの固定が難しい場合はセロハンテープでとめましょう。

② 吊るしたフォークをマレットで優しく叩きます。叩いた後に紙コップに耳を当てて音の響きを感じてみましょう。

③ フォークの材質を変えたり、スプーンや木の枝に変えてみるなど、音の違いを楽しみましょう。

準備物
・紙コップクイーカ
・フォーク（ステンレス製・木製・銀製）
・セロハンテープ
・マレット（プラスチック製または木製）

フォークの音を聴く

　フォークやスプーンの音というと「カチカチ」といった金属同士がぶつかる音をイメージする人が多いのですが、トライアングルのように吊るして鳴らすことで「ゴーン」というお寺の鐘のような響きのある音が得られます。フォークは先が細く割れているため、その部分が長時間鳴り響きます。また、ステンレス製、木製、銀製など、その素材によっても音が変わります。

　筆者が幼稚園でこの活動を行ったときのことです。5歳児が木製のスプーンの音を聴いた際に、目を大きく見開いて「木琴の音だ！」と言いました。音を聴く際の表情の変化や、音に対する感想を受けて、周囲の友だちも「聴いてみたい！」という雰囲気が生まれました。それを受けて、一人一人がその音を聴くことでこの子どもの言う「木琴の音」という感覚を共有し、素材や音の原理が同じであれば楽器と同様の音が生み出せることを、この活動を通して知ることができました。音を聴き、その感覚を外に表す行為はその子の主観によりますが、音を聴いて生まれた感覚をみんなで追体験することによって、表現を共有していくことができるのです。

実 践
糸電話をつくろう

遊び方

❶ 2人組になり、紙コップクイーカの糸と糸を結び合わせれば糸電話の完成です。

❷ 糸をピンと張った状態で片方の人は耳に当て、もう片方の人が口に当てて声を出します。音が聞こえるかどうか確認してみましょう。

❸ 今度は4人組をつくり、糸電話と糸電話を交差させます。4つを結び合わせる必要はなく、糸を引っ掛けるだけで簡単に交差できます。

❹ 何人までできるか試してみましょう。また、糸電話を使って子どもたちと一緒にできるゲームを考えてみましょう。

糸電話で音の伝達を楽しむ

準備物
・紙コップクイーカ
　×2

音の正体は「振動」ですが、空気だけでなく糸も振動を伝えます。糸電話は3人以上でも遊べます。広い場所と糸の長さがあれば、物理的には何人でも可能です。学生たちに糸電話を使ったゲームを考えてもらったところ、「声当てゲーム」を考案してくれました。

遊びの応用─より楽しく遊ぶには　「声当てゲーム」

❶ 4人組をつくり、1人（A）が目を閉じて紙コップを耳に当てる。

❷ 残りの3人の内、誰か1人がAの名前を呼ぶ。

❸ Aは誰の声なのかを当てる。

遊びの応用─より楽しく遊ぶには　「バネ電話」

　糸でなくても振動するものであれば音は伝わります。糸の代わりにバネを使って、「バネ電話」をつくることも可能です。バネは糸よりも振動の幅が大きく、音のはね返りが起こります。その結果、トンネルの中のように反響して聞こえます。紙コップの場合には張力が強くなるため、紙コップを2つ重ねて強度を上げます。プラスチックコップや金属バケツなどの場合は、バネを直接マレットで叩くことで音の反響が楽しめます。

バネ電話で音の反響を感じる

3 保育の中の「あたりまえ」を疑ってみよう

　ここまで音を聴くことを中心とした音さがし・音づくりの活動を紹介しました。音楽表現というと、発表会やお遊戯会などの楽器を使った活動を思い浮かべるかもしれません。そうした行事の多くは演奏を中心としたものです。以下は筆者が鑑賞した、ある幼稚園の「音楽発表会」の様子です。

事例

　幕が上がると3歳児クラスが大きなステージに整列して並んでいます。保育者のピアノ伴奏に合わせて一生懸命大声で歌いながら、タンブリンやカスタネットなどを音楽に合わせて鳴らしていました。次の4歳児クラスでは、鍵盤ハーモニカを吹いていました。5歳児クラスはマーチング。木琴や鉄琴、ティンパニなどの楽器を使って、大人も驚くような合奏をしていました。隊形を変えながら、子どもたちは堂々としたパフォーマンスを見せていました。音楽発表会の終わりに、園長先生はこのようにコメントしました。「子どもたちはこの日のために毎日毎日練習を重ね、こんなにも立派に成長しました。きっと小学校に上がってもこの経験が生きてくることでしょう。」

　園長のコメントにあるように、毎日一生懸命に練習して、それを大きな舞台で発表でき、保育者も子どもたちも安堵した様子でした。これは一例にすぎませんが、多くの園ではこうした演奏や発表をもって「表現教育」と呼んでいる現状があるのではないでしょうか。吉永（2006）は、園で行うマーチング活動について、その教育的効果や音楽性を認めつつも、幼児期に取り入れることを「あたりまえ」と捉えている現状を問題視しました[4]。指導者の一方的な指導が多く、子どもたちが音楽を楽しめていない状況を、「幼児は指導者のみに対峙しているのであって、その活動は音楽が存在していないように思われる」と述べ、そうした危険性を認識したうえで活動の選択をする必要性を示しています。

　一斉活動における合奏や発表会を一概に否定するものではありませんが、取り組み方によっては子どもの音楽的感覚の育成や主体性を阻んでしまうというデメリットがあることを考慮する必要があります。日々の保育の中で子ども一人一人が自分や友だちが生み出す音に興味関心をもち、気持ちや音が合っていく心地良さ、音が重なり合う美しさや楽しさを味わうことができれば、合奏は音楽表現だけにとどまらないほど素晴らしい体験になりうるのです。

　聴くという行為はすべての音楽活動の基盤となります。楽器を演奏するためにも、音楽に合わせて踊るためにも、聴くことから始まります。音楽表現を心から楽しむためには何が必要でしょうか。まずは音そのものに興味をもつことを第一に考えてみましょう。それが土台としてあれば、楽器を使った活動にもその他の音楽表現活動に

も、興味をもって移行することができます。保育の「あたりまえ」を疑い、表現教育とは何か、この活動は子どもの表現の育成につながっているのか、時々立ち止まって考えてみることも大切ではないでしょうか。

演習3

1. 身のまわりにある面白い音を探し、みんなで出し合ってみましょう。
2. 「聴く」遊びのアイデアを考えてみましょう。

引用文献

1) 無藤隆監修、吉永早苗『子どもの音感受の世界―心の耳を育む音感受教育による保育内容「表現」の探求―』萌文書林　2016年　p.26
2) 日本赤ちゃん学会監修、小西行郎・志村洋子・今川恭子・坂井康子編『乳幼児の音楽表現』中央法規　2016年　p.2
3) 山岸美穂・山岸健『音の風景とは何か―サウンドスケープの社会誌』NHKブックス　1999年　p.7
4) 吉永早苗「幼児期のマーチング活動に関する考察―その是非を問う―」『音楽教育実践ジャーナル』3（2）2006年　pp.6-15

Column3

カクテルパーティー効果

「カクテルパーティー効果」という言葉を聞いたことはありますか。

私たちはお店の中などBGMが鳴っている環境でも会話ができます。混雑している電車の中でも特定の人の声を自然と聞き取ることができます。私たちは雑多な音環境の中から、必要な音だけを取捨選択して聞き取っているのです。これを「選択的聴取」といいます。パーティーのように大勢が集まるような場所でも自分の興味に合わせて声を聞き分けることから「カクテルパーティー効果」と呼ばれています。

大人は無意識的に行っている選択的聴取ですが、乳幼児にとっては非常に高度な聴き方であると言われています。音楽の場面で言えば、ピアノの伴奏の中から正しく音程を感じたり、先生の歌声を聞き取ったりすることは当たり前のようにできると思われがちですが、実はこれらも高度な聴取なのです。このような乳幼児の聴覚機能を理解しつつ、音を聴くという活動をしていく必要があります。

2 ──会話としての手遊び歌

　手遊び歌は保育者にとって関心の高い保育実技です。実習でも手遊びをすることを求められた学生が多いでしょう。隙間の時間や活動の区切りに用いられることの多い手遊び歌ですが、保育内容としてはどのような意味があるのか考えてみましょう。ここでは、具体的な事例をもとに手遊びの魅力と教育的意義を探ってみます。

1 手遊び歌で育む共生感覚

> **事例 ①**
>
> 　3歳児クラスで、自由な遊びに区切りをつけてこれからクラスの活動をしようとするとき、保育者が「つくしんぼ」の手遊びを始めた。ゆっくり片づけをしていた子ども、手洗いをしていた子どももあわてて集まり、1番は両手の人差し指を重ねて小さな声で「ポッとでたポッとでたつくしんぼ」と歌  う。そして2番になると「待ってました」とばかりに、手のひらを合わせて上下に大きく動かしながら大きな声で「モコっとでたモコっとでたつくしんぼ」と歌った。立ち上がって両手を動かしている子どももいる。そして最後のフレーズ「ちょうちょがとんで春ですよ」を保育者が歌うのに合わせて手をおろし、子どもたちはみんな満足した表情で保育者の方に向き直った。

　実習で、同じような光景を見たり経験したりしたのではないでしょうか。大声で「集まりなさい」「静かにしなさい」と言わなくても、魔法をかけたように子どもたちが集中する様子を見て、「手遊びの威力はすごい」と感じたかもしれません。手遊び歌には集団の凝集性を高める力があります。小川博久（2010）によると「身体的にノリを共有する応答や同調」[1]の体験であり、手遊びを通して保育者と子どもの「共生感覚」が培われていると言えます。「共生感覚」とは、文字通り自分以外の人などと共に生きているという感覚です。保育者と息を合わせて手遊び歌を楽しむとき、クラス集団にあっても保育者との一対一のつながりを感じ、一緒にしている仲間との一体感も味わっているのではないでしょうか。つまり、身体を通した会話です。その積み重ねの中で、互いの気持ちを察したり自然に動きを合わせたりできるようになるなら、それは子どもにとっても保育者にとっても心地の良い関係です。

　私たちの社会の抱える問題の多くに、共生感覚の欠如が根底にあるように思われます。いじめや虐待は言うに及ばず、ネットでの個人攻撃や過剰なクレーム、ハラスメント行為なども他者の痛みを感じる気持ちの欠如からくるものと考えられます。農作業から冠婚葬祭まで生活のすべてを家族や親類、隣近所と協力して行っていた昔と違い、今は日常のたいていのことは人と言葉を交わさなくてもできます。それだけ人との直接的なかかわりは希薄になっており、小川は「生身の身体の五感を使って自分の直観力を使って周囲の状況の有様を判断したり、周囲の人々と身体で、そして言葉でコミュニケーションする能力が低下しつつある」[2)]というのです。そうだとしたら、生身の身体を通して人とかかわる体験を通して共生感覚を培うことは保育所や幼稚園の大切な課題と言えるでしょう。手遊び歌はその貴重な機会でもあるのです。そのため、単に子どもを静かにさせる便利な道具と捉えるのではなく、手遊び歌を楽しむ子どもたちと保育者の関係の質を問う必要があります。乳児でも、人数の多い年長児のクラスであっても、そこに保育者と子どもたちが声とリズムが合う心地良さを感じているか、互いに満ち足りた気持ちを味わっているかを見直してみましょう。

2　音楽的な能力の基礎を培う

　手遊び歌で声や間を合わせて楽しむことは、ピッチマッチ（音高合わせ）や拍やリズムの感覚など音楽的な能力の基礎を培うことにもつながります。毎日繰り返されるものだけに、意図的な音楽活動以上に子どもの感受性に与える影響は大きいのです。
　例として、「とんとんとんとんひげじいさん」を見てみましょう。

とんとんとんとんひげじいさん

作詞 / 不明　作曲 / 玉山英光

とん とん とん とん　　ひげ じい さん　　とん とん とん とん　　こ ぶ じい さん

とん とん とん とん　　てん ぐ さん　　とん とん とん とん　　め がね さん

とん とん とん とん　　て は うえ に　　とん とん とん とん　　て は した に

　子どもたちの好きなキャラクターなどの替え歌バージョンがあり、もっとも有名な手遊び歌の一つです。作曲者は玉山英光氏とされていますが、小林美実氏によると、原曲は玉山氏がオルガン用のマーチ曲として作曲したもので歌詞はついていなかった

そうです[3]。たしかに、四分音符を強調したリズムパターンの繰り返しや、規則的に上昇する旋律などに鍵盤曲らしい特徴があります。作詞者は不詳ですが、メロディーと歌詞、手の動きがよく合っていて一度聴いたらすぐに真似できる手遊び歌の名作と言えるでしょう。偶然かもしれませんが、音階に合わせて「あご→ほっぺ→鼻」と手が上にあがることでドレミファソが歌いやすくなっているのです。1歳児はまだ自分では歌えませんが、保育者の歌に合わせて手を動かそうとします。保育者がドレミファソを意識して正しい音程で歌ってあげることで、自然に子どもにもその感覚が身につくと考えられます。年長児になって鍵盤ハーモニカやハンドベルなどを使う機会があれば、ドレミを教えることが必要になるでしょう。

　しかし、幼児にとって、実体のない音響にドレミを結びつけて理解することは簡単ではなく、前提としてドレミの音が内的に記憶されていなければなりません。そのため、保育者は普段からできるだけ正しい音程を意識して歌うことが望ましいのです。「ひげじいさん」のようなわかりやすい音構成の曲を用いて音程や音階に気づかせることも必要でしょう。だからといって、CDをかければいいということではありません。子どもは保育者の声、保育者の表情が好きなのです。自信をもって、できれば音程を「意識して」歌うことが大切です。

　もう一つ、最近人気の手遊び歌『りんごころころ』を見てみましょう。

りんごころころ

作詞／不明　フランス曲

　人気の秘密は、「ころころ」「かんかん」などの擬音の繰り返しや怒ったり泣いたりする歌詞に伴う表情の変化、すぐに真似できる動作、そして馴染のある歌いやすいメロディーなど子どもに親しまれる要素が含まれていることです。この原曲は、17世紀頃のフランス曲『フレール・ジャック（Frère Jacques）』とされていて、日本では『グーチョキパーでなにつくろう』『あひるはグワグワ』『とうさんゆびどこです』など多くの遊び歌に使われています。400年以上、様々な国で様々な歌詞で歌い継がれ、これからも変わることがないと思われる旋律です。一つの和音だけで伴奏する

ことができ、シンプルな旋律とリズムで構成されているため、リズム打ちをしたり、輪唱や合奏にしたりするなど保育者のセンスと工夫で様々な音楽的な展開もできる曲です。

　ほかにも、外国曲がもとになっている遊び歌はたくさんあります。アメリカ民謡の『10人のインディアン』は『奈良の大仏さん』『ピクニック』『ミックスジュース』など、『やまごやいっけん』はアンパンマン・バージョンや『大きくなったら何になる』として、『リパブリック讃歌』は『ごんべさんのあかちゃん』『一丁目のウルトラマン』『アンパンマンのおでかけ』などとして親しまれています。このような何百年も歌い継がれてきたメロディーは、いわば外国の「わらべうた」ともいえるでしょう。これらのメロディーに親しむことは、西洋音楽の基本的な形式やメロディーやリズムの感覚につながっていると考えられます。日常の音楽遊びをこうした視点で見直すことで、特別な音楽教育の場を設けなくても、十分に子どもたちに基礎的な音楽能力を育てる機会になると考えられます。だからといって、子どもに正しい音程で歌うことを強いたり音符を覚えさせたりする必要はありません。あくまでも保育者が子どもの発達の一過程として理解しておくものであり、音楽の基礎的な諸能力は音楽を遊びとして楽しんだ結果、身につくものとするのが保育の考え方です。

3　「幼児期のおわりまでに育ってほしい姿」につなげて

　前述のように手遊び歌を含めて表現活動はそれを楽しむこと自体が目的であり、何かの手段として行うものではありませんが、結果として様々な子どもの発達につながる可能性があります。その可能性に目を止め、指導計画を作成するなどして引き出していくことが保育者の役割です。子どもが手遊び歌の中で感じていること（心情）やしようとしていること（意欲）、子どもの内面に育ちつつあることを読みとり、望ましい方向につなげるのです。平成29年改訂の幼稚園教育要領等の「幼児期の終わりまでに育ってほしい姿」（以下、「10の姿」）との関連で見ていきましょう。

①　「数量や図形、標識や文字などへの関心・感覚」

> 「遊びや生活の中で、数量や図形、標識や文字などに親しむ体験を重ねたり、標識や文字の役割に気付いたりし、自らの必要感に基づきこれらを活用し、興味や関心、感覚をもつようになる」

　数字が出てくる手遊び歌はたくさんあります。『おべんとうばこ』や『おべんとうバス』は数字の語呂合わせ、『ピクニック』『いっぽんばしにほんばし』などは1から一つずつ増える数に合わせて指を出していく遊びです。例えば、『のねずみ』は1番から5番までネズミの数とともに出す指が増える手遊びですが、1、2歳児は両手の指を一本ずつ出すことができません。5までの数もよくわかっていませんが、保育

者を真似て両手を重ねながら「チュッチュッチュッ〜」という音を楽しみます。4、5歳児は「チュッチュッチュッ〜」のフレーズを1番は1回、2番は2回繰り返す規則性を理解して、繰り返しを楽しみます。5匹目になると心の中で「1回、2回〜」と数えながら繰り返し、最後は保育者も子どもも「ふうっ、やっと終わったね」という気持ちで笑い合える手遊びです。数を教えるために手遊びをしているわけではありませんが、繰り返す中で、数の感覚も養われていきます。

事例②

3歳児クラスで、パン型のマラカスを5個机に並べて『5つのメロンパン』をしたときのことである。保育者が「パン屋にたくさんのメロンパン」と歌い、一人ずつ「〇〇ちゃんがお店にやってきて」と歌い、呼ばれた子は「パンください」と買いに来る。子どもたちは、自分の名前を呼んでほしくてワクワクしながら待っている。ところが、パンがどんどん少なくなるとまだ名前を呼ばれていない子は心配になってきたのか、「あと2個しかないよ」という声が聞かれた。全部売り切れたところで、「まだお客さんになっていない子はこっちへおいで」と呼び、マラカスを集めてもう一度すると、全員満足した様子だった。

パン型のマラカス

5つのメロンパン

作詞/中川ひろたか　イギリス民謡

パンやにいつつのメロンパン　ふんわりまるくて　おいしそう
こどもがおみせにやってきて　（ここで子どもとのやりとり）
メロンパンひとつかってった

数の理解には個人差があり、パンマラカスを並べたときにすぐ数えて「5個ある」という子もいれば、頓着していない子もいます。しかし、一人が買いに来ると一つずつ少なくなることは見てわかるため、自分が呼ばれたときにパンがいくつ残っているかは気になります。まさに「自らの必要感に基づき」、数量への「感覚」を培う経験と言えるでしょう。また、この遊びの面白さは、歌の途中で保育者と「パンください」「いくつ買いますか」などとやりとりをするところにもあります。今は、スー

パーでもパン屋でも言葉を交わすことが少ないため、こんなやりとりも子どもにとっては新鮮で、「10の姿」の「言葉による伝え合い」にもつながる体験です。

　5歳児になるとほとんどの子どもは10までの数を理解していますので、『5つのメロンパン』を『10個のメロンパン』にしたり、『いっぽんばしにほんばし』を「ろっぽんばし」からの替え歌をつくってみたりしても楽しめます。しかし、数を教える手段として遊び歌を教えるというよりは、その遊び歌に含まれる数などの要素を年齢に応じて楽しめるように工夫することが大切です。

②　「社会生活とのかかわり」

> 「家族を大切にしようとする気持ちをもつとともに、地域の身近な人と触れ合う中で、人との様々な関わり方に気付き、相手の気持ちを考えて関わり、自分が役に立つ喜びを感じ地域に親しみをもつようになる。また、幼稚園内外の様々な環境に関わる中で、遊びや生活に必要な情報を取り入れ、情報に基づき判断したり、情報を伝え合ったり、活用したりするなど、情報を役立てながら活動するようになるとともに、公共の施設を大切に利用するなどして、社会とのつながりなどを意識するようになる」

　家族は社会の最小単位と言われます。個人の生き方が尊重される現代において、この捉え方には批判的な意見もありますが、子どもにとって家族が社会とのかかわりの出発点であることは間違いありません。子どもの遊び歌にも家族はよく登場します。『おはなしゆびさん』『ワニの家族』『あおむし（キャベツの中から）』『おとうさんがかけてきて』などです。一般的な登場人物は、お父さん、お母さん、お兄さん、お姉さん、赤ちゃんですが、単親家庭や一人っ子の多い現代では当てはまらない家族像かもしれません。おじいちゃん、おばあちゃんとのかかわりがほとんどない子どもも多いでしょう。しかし、だからこそ自分が家族に喜んで迎えられた存在であることや、自分を愛し見守る大人がいることを感じてほしいのです。子どもの家庭の状況やそれぞれの受け止め方にも配慮しつつ、「遊び」として楽しむ中で家族の存在を感じる時間になるようにしましょう。

ワニの家族　　※原曲は『わにのうた』

作詞／上坪マヤ　作曲／峯陽

わにのおとうさん　わにのおとうさん　おくちをあけて
めだま　ぎょろろ　めだま　ぎょろろ　およいでいます

　成長とともに、子どもは家族から園の先生や友だち、地域の大人にも目を向けるようになり、社会への関心が広がっていきます。ある調査によると、未就学児が大きくなったらなりたいものは、男の子はアニメ系のキャラクターや自動車屋さん、警察官など、女の子は食べ物屋さん、お医者さん、歌手となっています[4]。テレビなどで目

にする機会の多いものや、実際にかかわったことのある職業が上位に入っています。子どもの目から見て、生き生きと仕事をする大人の姿は憧れの対象です。その憧れが、様々な職業への関心を広げるきっかけになっているのです。

　前述の外国曲『やまごやいっけん』のメロディーを用いた『おおきくなったら』は、1の指はお医者さん、2の指は床屋さん、3の指はケーキ屋さん、4の指はおまわりさんになります。どれも子どもたちに人気の職業です。年齢にもよりますが、2歳頃から時間の流れを理解した子どもたちには、この遊び歌が自分のなりたい仕事をイメージしたりどんな仕事があるかを考えたりするきっかけにもなります。いつかは大きく強くなってこんな仕事をしたいと考えはじめることは、自分の将来の姿を描くのですから自分の人生を生きはじめていると言えるでしょう。このような手遊び歌のきっかけからも、子どもたちは自分の将来や社会に目を向けるようにもなるのです。

　『やおやのおみせ』や『町一番のやおやさん』など店を題材にした遊び歌もあります。次々に野菜の名前を言える子どもは、買い物や料理の手伝い、家庭菜園などの経験が多いようです。体験の豊かさは言葉の豊かさにつながりますし、言葉の豊かさは体験の豊かさでもあります。もし、野菜の名前がほとんど出てこないようなら、園で一緒に野菜を育てたりクッキングのために地域のお店に買い物に行ったりすることも必要になります。遊びのバリエーションとして、「やおや」以外にどんなお店があるか一緒に考えて、「果物屋」「花屋」などで遊んでみるのも楽しいでしょう。

町一番のやおやさん

作詞・作曲／成田和夫

まちいちばんのやおやさん　でこぼこやさいはなんですか
おしえてください　（子どもの答え）でこぼこやさいはかぼちゃです
※2番以降
パリパリ野菜―レタス、もじゃもじゃ野菜―もやし、しくしく野菜―玉ねぎ

---

③ 「言葉による伝えあい」

> 「先生や友達と心を通わせる中で、絵本や物語などに親しみながら、豊かな言葉や表現を身に付け、経験したことや考えたことなどを言葉で伝えたり、相手の話を注意して聞いたりし、言葉による伝え合いを楽しむようになる」

　4、5歳児になると遊びの様々な体験の中で、物事の法則性に気づいたり因果関係を考えたりするなど思考力を深めていきます。それに伴い、自分の気づいたことや考えたことを言葉で伝えることができるようになります。なぞなぞやしりとり、だじゃれなどの言葉遊びが楽しめるようになるのもこの時期からです。

事例 ③

　　4歳児クラスで人当ての手遊び歌『だれだれだあれ』をした。5人の子どもを前に並べて、保育者が「ズボンをはいてる」「靴下はいてない」とヒントを歌う。子どもたちはその都度、5人をよく見て考えている。最後のヒント「女の子です」と歌うとほぼ全員がわかったようで、「さあ、だれだれだあれ」で一斉にその子を指さした。保育者が「正解！」と言うと子どもたちはみんな「やったあ」と喜んだ。その後、何日か遊んでいると問題を出したい子が出てきた。はじめからその子どもを見ながら言うため、保育者にはすぐわかってしまうが、前に並んだ子どもの共通点と相違点を整理して伝える力がついていることに感心させられた。

だれだれだあれ

作詞・作曲／三根政信

　歌を聴いて条件に当てはまる、当てはまらないを記憶しながら対象を絞り込んでいく高度な思考を必要とするため、3歳児には難しい遊びです。年長児になると言葉で考える力がついてきます。また、概念で分類することもできるようになりますので、前述の『やおやのおみせ』や『赤いものなんだ』など同じ仲間の物を順にいう音楽遊びを楽しめます。例えば、『赤いものなんだ』をすると、はじめは「りんご」「トマト」と調子よく答えているのですが、だんだん進んでいくと苦しまぎれに「○○ちゃんのスカート」などという子もいます。それに対して「えーっ」とブーイングが出たりしますが、その答えを認めるかどうかを保育者が決めるのではなく、子どもたちに

投げかけてみることも面白いでしょう。それは5歳児らしい「思考力の芽生え」でもあり、「言葉による伝え合い」の体験です。

　3歳児でも楽しめる言葉遊びには『パン屋さんにあるもの』などがあります。「あんパン、クリームパン」などパンの名前で「あるある」と手を叩き、「フライパン」「パンダ」「パンツ」というと「ないない」や「ちがいます」と答える遊びです。2歳児は「パン」がつくものすべてに「あるある」と手を叩いていて面白がっていますが、3歳児後半になるとだじゃれ的な面白さを理解して楽しんでいます。手遊び歌は音楽であり遊びですから、本来「こうでなくてはいけない」という決まりはありません。意味がわからなくても、動きがついていかなくても保育者や友だちと一緒にする楽しさの中で、一体感を味わうことが何より大切です。

　以上、「10の姿」の中から3つの姿を取り上げて、音楽遊びと育ちの関連を考えてみました。それぞれの姿は重なり合うものであり、どの遊び歌も特に、10番目の「豊かな感性と表現」とは深くかかわっています。手遊び歌を通して「感じたことや考えたことを自分で表現したり、友達同士で表現する過程を楽しんだりし、表現する喜びを味わい、意欲をもつ」ことで、表現する力をつけていきます。それは単に絵や音楽が上手にできるということではなく、他者の表現を受け入れた上で自分の気持ちや考えを適切な方法で表現することができるということです。それは人として大切なことですし、小学校以上の学びの基盤ともなるものです。

　「10の姿」は要素を取り出して保育のねらいに直接的に結びつけるものではなく、到達目標や評価基準でもありません。しかし、子どもを静かにさせる手段、ともすれば時間つぶしとも受け止められがちな手遊び歌を、「10の姿」から保育教材として見直してみることは、曲の選び方や遊びの展開の仕方などの手がかりとなります。保育を振り返る視点としても有用ですので、保育の質向上にもつながると考えられます。

4　手遊び歌の創作

　わらべうたは地域によって歌詞やメロディー、遊び方が異なりますが、手遊び歌も園によってあるいは楽譜や動画でも異なるものが多くあります。『ワニの家族』（原曲「わにのうた」）のように童謡が手遊び歌として変化した形で広まっているものもたくさんあるため、何が「正しい」のか迷うところです。創作された曲は、本来であれば作者の意図を尊重して楽譜通りに歌うことが正しく、著作権への配慮も必要です。ただ、手遊び歌は音楽であるとともに「遊び」でもあるため、面白さを追求して歌詞や遊び方が変わっていくことは自然ですし、曲も繰り返しているうちに子どもが歌いやすい音程やリズムに変化していきます。保育者が、子どもの反応を見ながらわざと間をあけたり、違う言葉を入れたりして子どもとのやりとりを楽しむのも手遊び歌の面白さです。『とんとんとんとんひげじいさん』の様々な替え歌もそのような文脈の中

から生まれたのでしょう。子どもたちと手遊び歌を楽しむには、子どもの興味関心に応じて表現方法を工夫したり柔軟に変化させたりすることが大切なのです。

　まずは定番の手遊びのバリエーションをつくってみましょう。例えば、『さかながはねて』（中川ひろたか作詞・作曲）で、さかながおへそや鼻など身体の様々なところにくっついたら何になるかを子どもたちと一緒に考えてみると、斬新なアイデアが出てくるかもしれません。また、馴染のあるメロディー『グーチョキパーでなにつくろう』『10人のインディアン』や『ごんべえさんの赤ちゃん』を使って手遊び歌をつくってみましょう。人気の手遊び歌には共通するいくつかのパターンがあります。

> ● 家族：お父さん→お母さん→お兄さん→お姉さん→赤ちゃん
> ● 大きさの変化：小さい→中くらい→大きい、ありさん→ぞうさんなど
> ● 数字：1から5の指、数字の語呂合わせ
> ● 身体の部位：自分で触れたり友だちと触れ合ったりする
> ● 言葉の入れ替え：動物、友だちの名前など

　このようなパターンになっているものはほかの手遊び歌で経験しているため、すぐに要領を理解して楽しめます。奇をてらう必要はなく、また、次々に新しい手遊びをとりあげなくても、じっくりと繰り返し遊ぶ中で保育者と子どもの相互作用として生まれる面白さを大切にしましょう。

　最後に手遊び歌の伝承について考えてみましょう。わらべうたには「ちゃつぼ」「ずいずいずっころばし」など古くから伝わっているものが多くあります。学校や幼稚園がない時代には路地や神社の境内などで、異年齢集団で遊ぶ中で伝えられてきたようです。一方、現代の手遊び歌は子どもから子どもではなく、保育所や幼稚園で大人が「教える」ものになりました。CDやDVD、インターネットなどで次々に新しい手遊び歌が出ています。保育者は手遊び歌の単なる消費者になるのではなく、子どもの望ましい育ちと関連付けて選ぶ「目」をもつことが求められます。そして、保育者として遊びを援助する立場であるとともに、共に遊びを楽しむ仲間でもあってほしいと思います。容易に多くの情報を得られる時代だからこそ、十分に吟味して取り入れ、自分自身も表現者としての自覚をもって子どもに提示できるようにしたいものです。

演習4

1. 知っている手遊び歌を一つ挙げ、その作曲者、作詞者、元となった原曲について調べてみましょう。
2. 『グーチョキパーでなにつくろう』の「右手は○○で左手は○○で ○○○」の部分を考えて創作し、発表し合いましょう。
3. 保育の中で手遊びを行う際に、大切にするべきことは何でしょうか。また、その理由を考えてみましょう。

引用・参考文献

1) 小川博久『遊び保育論』萌文書林　2010年　p.222
2) 前掲書1) p.229
3) 児嶋輝美「手遊び歌の種類と成り立ちについて」徳島文理大学研究紀要第84号　2012年　p.70
   なお、玉山英光氏による『おあそび行進曲』(1956年)の「ゆびあそび」は「とんとんとんとんひげじいさん」とほぼ同じ旋律である。
4) 第一生命「第30回大人になったらなりたいもの」調査結果　2018年

Column 4

環境音の音楽

ひとつ興味深い曲を紹介しましょう。アメリカの現代音楽作曲家ジョン・ケージ(Cage, J.)作曲の《4′33″》という曲です。この曲は全3楽章構成ですが、楽譜はたったの1ページ。「Ⅰ　TACET」「Ⅱ　TACET」「Ⅲ　TACET」と書かれているのみで、一般的な楽譜に見られる五線や音符などは一切書かれていません。ピアニストで作曲家のデイヴィッド・チューダー(Tudor, D.)が、第1楽章を33秒、第2楽章を2分40秒、第3楽章を1分20秒で初演しました。どのように演奏したかというと、各楽章の開始時にピアノの蓋を閉じ、各楽章の終了で蓋を開けます。その間、鍵盤には手を触れず、音を一切発しません。このとき全楽章を通して4分33秒かかったことから、タイトルがそのまま《4′33″》となりました。ちなみに楽譜に指示されている「TACET(タセット)」とは、「楽章を通して休止する」を意味する音楽用語で、本来はオーケストラにおいて、楽器のパート譜に用いられることが一般的です。

聴衆はこれを聴いてどよめきます。「どうして奏者が演奏しないのか」と。演奏中どのような音が聞こえていたかというと、聴衆の咳払いや呼吸の音、はたまた何か物を落としたはずみに出る音などが聞こえてきます。この曲が意味するところは、無音という状態をつくり出そうとしても周囲の雑音を完全に消し去ることはできない。そして、このような環境音も音楽の素材となりうる、ということをケージは伝えたのです。

「無音室」と呼ばれる人工的に無音状態に施工された部屋があります。音響実験のためにつくられ、壁を厚くし、外の音を一切遮断した部屋です。かつてケージがこの無音室に入ったとき、無音の状態でありながらも、自身の心臓の音や呼吸の音が聞こえたといいます。たとえ無音の状態を人工的につくることができたとしても、ヒトがそれを体験することは不可能なのです。すなわち、私たちはどのような環境下にあっても、音に囲まれて生きているのです。

あなたを取り巻く環境にはどんな音が存在しているでしょうか。きっと、見過ごしていた音の良さに気がつくはずです。

3 ——いろいろなうたあそびから表現遊びへ

　園生活には多くの音楽表現活動が見られます。保育者は、音楽表現活動の中で幼児の主体的活動をどのように引き出していくべきか、引き出すためにどのような環境を準備するべきかを常に考えていくことが必要です。音楽を媒体として子どもが歌うことや聞くこと、楽器遊び、踊ることなどを楽しみ、自由に自己を表現していくためにも、保育者は、音楽の基礎知識や技能を理解して援助していくことが大切でしょう。

　ここでは、保育の中で取り入れてほしい身近な「うたあそび」を紹介します。これらの遊びを通して子どもたちのドキドキ、ワクワク感を高め、音楽表現のバリエーションを広げていきましょう。

1 わらべうた

　「わらべうた」とは、江戸時代中期以降に子どもたちの生活の中で伝えられてきたあそびうたの一つです。「唱歌」や「童謡」などは大人によってつくられた歌であるのに対し、「わらべうた」は子どもから子どもへと口頭伝承されてきたもので、今の時代まで歌い継がれてきたうたです。時代や地域によって、同じ歌でも歌詞やメロディーが異なります。

　わらべうたの特徴は、隣接する2音や3音で構成されている旋律が多く、日常会話のイントネーションやアクセントと同じくらいの音域で、子どもたちも負担なく歌うことができます。歌に合わせて自然に手や身体の動きが一緒になるものもあります。指あそびから集団あそびまで様々なバリエーションがあります。わらべうた研究の第一人者である小泉（1969）は、わらべうたを以下のように分類しています。

0　となえうた	1　絵かきうた	2　おはじき・石けり	3　おてだま・はねつき
4　まりつき	5　なわとび・ゴムとび	6　じゃんけん　グー・チョキ・パーあそび	
7　お手あわせ	8　からだあそび	9　鬼あそび	

出典：小泉文夫『わらべうたの研究　研究編』わらべうたの研究刊行会　1969 年

　それでは、いろいろな「わらべうた」を紹介します。歌に合わせて手指の動きを楽しみましょう。なお、楽譜に書かれたメロディーやリズムはあくまで一例と捉えてください。

ちゃちゃつぼ

ちゃちゃつぼ

わらべうた

ちゃ ちゃ つ ぼ ちゃ つ ぼ ちゃ つ ぼ にゃ

ふ た が な い そ こ を とっ て ふ た に し よう

「茶壺道中」から生まれた遊びです。江戸時代には、将軍のために新茶を産地である宇治まで行列をなしていました。この行列が「茶壺道中」と呼ばれていました。

♪ちゃ　　　　♪ちゃ　　　　♪つ　　　　♪ぼ

❶ 右手の手のひらで、「グー」にした左手上部を1回叩く。

❷ 右手の手のひらで、「グー」にした左手下部を1回叩く。

❸ 両手を入れ替え、左手の手のひらで、「グー」にした右手上部を1回叩く。

❹ 左手の手のひらで、「グー」にした右手下部を1回叩く。

♪ちゃ　　　　♪つ　　　　♪ぼ

❺ ❶と同じ。

❻ ❷と同じ。

❼ ❸と同じ動作で1回とめる。

♪ちゃ　つ　ぼ　にゃ　ふた　が　♪ない

❽ ❹と同じ動作からスタートし、❶～❹を繰り返す（最後は❶の形になる）

❾ ❷と同じ動作で1回とめる。

♪そこ　を　とっ　て　ふた　にし　♪よう

❿ ❸と同じ動作からスタートし、❹→❶～❸の順に繰り返す（最後は❹の形になる）

⓫ ❶と同じ動作でとめる。

遊びのポイント

・この遊びはリズミカルなとなえうたで、手のひらと握りこぶしを交互に変えて、手を「茶壺」「蓋」「底」にして遊びます。複雑な動きですが最後に蓋ができたときに喜びが味わえます。

・はじめのうちは片手で蓋を上下するだけにしましょう。

・乳幼児と遊ぶ際には「蓋」「底」と言いながら手を触ってスキンシップを楽しみましょう。

遊びの応用—より楽しく遊ぶには

・慣れてきたら少しずつテンポを速くしてみましょう。

・2人組で向かい合い、ペアで行ってみましょう。お互いに「グー（茶壺）」と「パー（蓋）」を組み合わせて遊びます。最初は左手が「グー」、右手が「パー」ではじめ、1回目の『（ちゃ・ちゃ）つ・ぼ』の歌詞のときに「グー」と「パー」の手が反対になるようにルールを決めてあげるとわかりやすいです。

・大人数で輪になって、両隣の友だちと行ってみましょう。このときも左手が「グー」、右手が「パー」からはじめるとよいでしょう。

実践
なべなべそこぬけ

なべなべそこぬけ

わらべうた

な　べ　な　べ　そ　こ　ぬ　け
そ　こ　が　ぬ　け　た　ら　か　え　り　ま　しょ

♪なべなべ
そこぬけ
そこがぬけたら

♪かえりま

♪しょ

♪なべなべ
そこぬけ
そこがぬけたら

♪かえりま

♪しょ

❶向かい合って両手をつなぎ、つないだ手を左右に揺らす。

❷手をつないだまま、2人同時に、上にあがった方の下をくぐる。

❸手をつないだまま、背中合わせになる。

❹背中合わせのまま、つないだ両手を左右にふる。

❺手をつないだまま、2人同時に、上にあがった方の手の下をくぐる。

❻❶の状態に戻る。

遊びのポイント

・2人で向かい合い、手をつないだまま歌います。歌の最後の「かえりましょ」で手を離さずにお互いが反り返り、背中合わせの状態になります。

・続けて2回目は背中合わせの状態から始め、「かえりましょ」で手をつないだまま再び元の向かい合った状態に戻ります。

・つないだ手を離さずにお互いが「かえりましょ」を上手にできるようになると達成感や一体感をより味わえます。

・お互いが2枚のスポーツタオルの端と端を持ち距離をとって行うと、腕を動かしやすくなるため、腕の可動範囲が広がって遊びやすくなります。

・親子で遊ぶときは子どもの身長に合わせて、大人は膝をつきましょう。

遊びの応用―より楽しく遊ぶには

・4人組で輪になって遊びます。「かえりましょ」のところで一つだけトンネルをつくり、そこをみんなが通りぬけることで返ることができます。元に戻る場合も同様です。

・8人組、16人組…と少しずつ人数を増やしていきましょう。人数が多くなると難易度が上がりますが、動きがダイナミックになるので「かえりましょ」で全員がくぐれたときは達成感を味うことができます。

実践　あんたがたどこさ

熊本市船場地区を舞台としたわらべうたで、「てまりうた」として歌い継がれてきました。

あんたがたどこさ

♪あんたがたどこ	♪さ	……♪せ
❶ 3回手拍子をする。	❷ お互いの手のひらを1回打ち合わせる。	❸ 最後の「せ」で万歳する。

遊びのポイント

・拍に合わせて手拍子します。「さ」のときに2人組でお互いの手のひらを合わせます。最後の「せ」のときに万歳をします。

・2/4拍子、3/4拍子が混ざった変拍子のわらべうたです。不規則に出てくる「さ」のところで動きを合わせて、友だちと一緒に楽しみましょう。

遊びの応用—より楽しく遊ぶには

・「あんたがたどこ」のときにジャンプをして、「さ」のときにしゃがんでみましょう。さらに大きく身体を使うことができます。

〔フープを使って〕

・フープを床に置き、「あんたがたどこ」のときは拍に合わせてフープの中をジャンプします。「さ」のときにフープの前方に跳んでみましょう。また次は後方に戻り繰り返します。左右で行ってもよいでしょう。

〔大縄を使って〕

・はじめは全員が入っており「さ」のときに一人ずつ抜けていきましょう。全員が抜けられたら拍手が起こりそうですね。

・大縄で「あんたがたどこ」のときは拍に合わせて縄を揺らした波跳びにしましょう。「さ」のときに縄を大きく回してみましょう。

❷ 手あそび・指あそび

　手あそび・指あそびは歌と手や指の動作がひとつになった遊びのことです。日常生活や園生活の中で手や指を使った動作は自然なことのようですが、乳幼児期の子どもにとって、手や指の動きは思いや意思の伝達の役割をもちます。このような時期に、親子間や保育者と子どもで手と手をふれあわせたり、歌いながら手や身体をふれあわせたりすることで子どもの気持ちをしっかりと受け止めることは、信頼関係を育むことにもつながるでしょう。

　また、手あそび・指あそびを通して、歌いながら手や指を動かす体験は大脳への刺激となり、自己表現力や創造力を豊かにすることにもつながります。子どもは、自分が知っている音楽が聞こえると、手や指だけではなく足踏みをしたりジャンプしたりなど、全身を自然に揺れ動かして表現することがあります。このように、音楽と動きが一体となると、身体全体を使ったあそびになり、リズム感や敏捷性の発達も促されていきます。

　手あそびや指あそびをするときは、以下の点に配慮しましょう。

> ● 子どもの発達段階に合わせて音域やテンポ、歌詞や手指の動きを調節できるものを選びましょう。
> ● 安心できる雰囲気の中で音楽に合わせて手指を動かすことを楽しむなど、遊びのねらいを把握し、意識して進め方やかかわり方を工夫しましょう。
> ● 手の動きは、幼児が真似しやすいように、演じる側は鏡を見て練習し、左右逆の動きでもできるようにしましょう。子どもたちが右手を出す場合、保育者は左手を出すことで視覚と言葉が一致し、子どもたちにとって動きを合わせやすくなります。

　それでは、続いて、手あそび・指あそびの実践例と身体全体を使った身体あそびを紹介します。動きに慣れてきたら、速さやキャラクターなどを変えてみると、違った楽しみ方が一層広がります。

実　践
ずっとあいこ

ずっとあいこ

作詞・作曲／阿部直美

1. か に さん と　か に さん が　ジャン ケン ン し た らら
2. く ま さん と　く ま さん が　ジャン ケン ン し た らら
3. あひ る さん と　あひ る さん が　ジャン ケン ン し た ら

チョ キ チョ キ チョ キ チョ キ　チョ キ チョ キ チョ キ チョ キ　ずーっ と　あ い こ チョ キ
グー グー グー グー　グー グー グー グー　ずーっ と　あ あ い こ グー
パー パー パー パー　パー パー パー パー　ずーっ と　あ い こ パー

♪かにさんと

❶ 右手にチョキ
をつくり、前
に出す。

♪かにさんが

❷ 右手は前に
出したまま、
左手でチョキ
をつくり前に
出す。

♪じゃんけんしたら

❸ リズムに合わ
せてからだと
手を左右に
ゆらす。

♪チョキチョキチョキチョキ
チョキチョキチョキチョキ

❹ 右手と左手を向
かい合わせて
じゃんけんする
しぐさをする。

♪ずーっと

❺ 手を開いて
ぐるっと回す。

♪あいこ

❻ 3回手を叩く。

♪チョキ

❼ チョキをつくり、
前に出す。

遊びのポイント

・「グー」「チョキ」「パー」の言葉に親しみを感じ、歌に合わせて様々な手の形を楽しめ
　る遊びです。
・勝ち負けをつけるのではなく、手の形を真似しあうところが楽しい遊びです。

遊びの応用─より楽しく遊ぶには

・テンポを速くしてみましょう。

・じゃんけんの勝ち負けのルールがわかるようになってきたら、右手は「グー」、左手は「チョキ」などにして、最後にどっちが勝ったかを子どもたちに聞いて、じゃんけんゲームとしても楽しむこともできます。

・「かにさん」「くまさん」「あひるさん」を違う動物やキャラクターなどに変えると、さらに楽しめます。どんな動物やキャラクターにするか、子どもたちの意見を取り入れながら一緒に遊び方を考えてみましょう。

実践 やおやのおみせ

「ないない」のところを「ブー」と言ったり、何も言わないなどいろいろな遊び方があります。

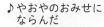

♪やおやのおみせに
ならんだ

❶ リズムに合わせて
手を叩く。

♪しなもの
みてごらん

❷ 双眼鏡のように
指で円をつくっ
てのぞく。

♪よくみて
ごらん

❸ 右手の人差し指を
立て、リズムに合
わせていろいろな
方向を指さす。

♪かんがえて
ごらん

❹ 胸の前で腕を組み、
首を傾げて考える
ポーズをとる。

♪あったらふたつ
てをたたこう

❺ リズムに合わせて
手を叩く。

「トマト」

「ある　ある」

2回手を
叩きます。

「ケーキ」

「ない　ない」

左右に手を
振ります。

・いろいろな野菜の名前をリズムに合わせて歌うことで、集中力やリズム感を養ってい
くことにもつながります。
・遊びを通して野菜の名前を覚えることができるので、食に対する興味・関心を高める
こともできるかもしれません。

遊びの応用─より楽しく遊ぶには

・やおやさんだけではなく、花屋さん、ケーキ屋さん、魚屋さん、動物園、パン屋さん
など、様々なお店や場所などに替えて歌うと、楽しさが広がり子どもたちの集中力や
想像力も高まるでしょう。

実　践
かもつれっしゃ

かもつれっしゃ

作詞／山川啓介　作曲／若松正司

1.かも つれっしゃ シュッ シュッ シュッ　いそげ いそげ シュッ シュッ シュッ
2.かも つれっしゃ シュッ シュッ シュッ　いそげ いそげ シュッ シュッ シュッ

こんど の えきで シュッ シュッ シュッ　つもうよにもつ　ガチャン　じゃん けん ぽん
そっち へ いくぞ シュッ シュッ シュッ　ゆずれよせんろ　ガチャン

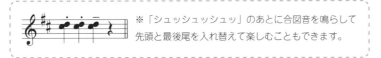

※「シュッシュッシュッ」のあとに合図音を鳴らして
先頭と最後尾を入れ替えて楽しむこともできます。

1番

♪かもつれっしゃシュッシュッシュッ　……

好きな方向へ♪

♪つもうよにもつ　ガチャン

「じゃんけんぽん」

❶ それぞれが列車に
なったつもりで両
手を車輪のように
回しながら、いろ
いろな方向へ走る。

❷ 立ち止まり、リズ
ムに合わせて人差
し指を上下に動か
しながら、出会っ
た目の前の相手を
お互いに指す。

❸ 出会った人同士でじゃん
けんをする。負けた人は勝った人の後
ろにまわり、肩に手をかける。

2番

♪かもつれっしゃシュッシュッシュッ ……

♪そっちへゆくぞシュッシュッシュッ　ゆずれよせんろ　ガチャン

❹❸の状態で走り回る。

❺出会った先頭同士で指を差し合う。

「じゃんけんぽん」

❻先頭同士でじゃんけんし、負けた方は勝った方の列車の後ろにつながる。以降、参加者全員が一列になるまで続ける。

遊びのポイント

・じゃんけんを使ったゲーム（のルールを理解し楽しめる）遊びです。
・列車になって歌いながら音楽に合わせて走り、「ガチャン」のあとに近くの列車の先頭同士でじゃんけんをします。
・じゃんけんで勝った人が先頭になります。負けた方の列車は勝った方の列車の後につながります。
・続けていくと最後は一列の長い列車ができあがります。

遊びの応用―より楽しく遊ぶには

・歌の中で何度か出てくる「シュッシュッシュッ」のあとに合図音を鳴らしたら、先頭と最後尾を入れ替えて先頭が変わることを楽しむこともできます。
・合図音をしっかりと聞いていないと列が乱れてしまうので、遊びながら音に意識を向けることができます。何度か繰り返すことで、たくさんの子どもが先頭になることを楽しみつつ、音に対する注意力をもって楽しめます。
・テンポを変えることにより、山を登ったり坂を下ったりするなどイメージを膨らませて遊びを展開することもできます。

演習5

1. わらべうた「どれにしようかな」に続くフレーズを紹介し合いましょう。地域や年代等によってどのような違いや特徴があるでしょうか。
2. 昔遊んだことのある手あそび・指あそびを一つ挙げ、どのような遊びか発表しましょう。

4 ──保幼小接続という視点からみた "歌うことの魅力" と指導の在り方について

　平成 29 年改訂の幼稚園教育要領等の総則には「幼児期の終わりまでに育ってほしい姿」が記され、小学校学習指導要領の総則には「幼児期の終わりまでに育ってほしい姿を踏まえた指導を工夫すること」という一文が加えられました。これは学校接続の境界にいる子どもの姿を、保育者と小学校教諭が共有できるよう示されたものです。

　幼児教育と小学校教育の違いとは何でしょうか。ここでは、幼稚園教育要領の「表現」と小学校学習指導要領の「表現」それぞれの特徴について考えてみます。特徴を理解することで、保幼小接続で大切にするべき視点を捉えていきましょう。

1 幼稚園教育要領における「表現」

　幼稚園教育要領の「表現」領域には、「感じたことや考えたことを自分なりに表現することを通して、豊かな感性や表現する力を養い、創造性を豊かにする」と示されています。子どもが感じたり考えたりしたことを表し出すときには、言葉、身体の動き、身振り、表情、歌声などが総合された魅力ある表現が見られます。子どもがイメージした世界は表現することによって広がっていきます。イメージの世界に浸る楽しさを味わう中で、他者とかかわり、自分の思いを周囲に受け止めてもらうことで表現することの喜びを知ることになるのです。

　子どもの遊ぶ姿をよく観察すると、イメージから生まれたストーリーをもとに、子どもがつくり出す歌が聞こえてくることがあります。数を数える、誰かを呼ぶ、何かに語りかける。何気なくつぶやいていた言葉が歌になっていく過程を見守り、子どもの歌声にじっくり耳をすませて聴いていると、言葉がリズムにのって表されたり、言葉の抑揚に合わせた音高の変化が現れたりすることに気がつくでしょう。教師が聞き取って一緒に歌ったり、仲間が加わって呼びかけこたえるように歌うなどの歌遊びが始まったりすることも、子どもの創造性を育む大切な遊びです。創造的に表現する楽しさに出会うためには、劇遊びの中で（ストーリーを盛り上げる場面で）役柄になりきりって歌う既成の曲を、友だちと息を合わせて表現する楽しさを味わうとともに、遊びの中で自然に生まれる子どもがつくり出す歌を見逃さないことが大切だと考えます。遊びに浸る子どもをよく見て、子どもがつくり出すイメージの世界を理解し、子どもたちの歌の世界を広げるかかわりができる教師は、子どもたちの心を開き、より豊かな表現を育み、夢をもたせることができる力をもっているのではないでしょうか。

2 小学校学習指導要領における「表現」

　平成 29 年 3 月に告示され、2020（令和 2）年度から全面実施となった小学校学習指導要領音楽編の目標の柱書には、「表現及び鑑賞の活動を通して、音楽的な見方・考え方を働かせ、生活や社会の中の音や音楽と豊かに関わる資質・能力を次のとおり育成することを目指す。」と示されています。そして、中央教育審議会答申で出された 3 つの柱、すなわち「知識及び技能」「思考力・判断力・表現力等」「学びに向かう力、人間性等」の育成が求められています。表現と鑑賞という 2 つの領域で、子どもの主体性を引き出し、他者と協働して「音楽的な見方・考え方」を深め、音楽表現への思いや意図をもったり、曲の良さを見い出し、曲全体を味わって聴いたりすることができる資質・能力を音楽科の授業で育てていきます。

　水野（2005）は「感じ取った音の雰囲気や歌詞の内容を身体で表現」する姿から「音楽をイマジネーション豊かに感じ、それを自分なりに表現しようと工夫する」「音程や音色の操作・発音の仕組み・響きの構造等に気づいていく」姿に変容していく 3 〜 5 歳の子どもの成長を明らかにしています。小学校教育では子どもが「何となく」感じたものを、「音楽を特徴付けている要素（音色、リズム、速度、旋律、強弱、音の重なり、和音の響き、音階、調、拍、フレーズなど）」や「音楽の仕組み（反復、呼びかけとこたえ、変化、音楽の縦と横との関係など）」に着目しながら、人の心や感情に影響を与える音楽の力を活かして言語化、具体化していきます。このように音楽的な「思いや意図」をもった表現へと導くことが求められます。幼児期の音楽表現で体験した表現することの楽しさをベースに、小学校教育では思いや意図をもち音楽表現を工夫する楽しさに成長する授業を目指します。

3 小学校の歌唱指導で教師が心がけていること

　入学後間もない子どもたちの歌唱指導で教師が心がけることの一つは、歌詞の情景を思い描き、音楽の表す世界のイメージをもつことです。1 年生の授業で共通教材「うみ」を歌う学習をしたとき、海の広さを体の動きで表したり、3 拍子の流れを感じ取って「ルルル」で歌ったりする活動を通して、子どもたちは"海の広さを表す大きな声"から、"音楽の表す情景を感じ取った自然で無理のない歌声"に成長しました。広くて大きな海というイメージを出発点として、広い浜辺で繰り返し打ち寄せてくる波の音の心地良さや、広い海を目の前に立ったときの潮の香りなどを想像し、海のイメージを広げていくことで、歌声の成長を導き出すのです。このような授業をつくる上で重要なことは、教材研究です。まず「うみ」の「音楽を特徴付けている要素（3 拍子、フレーズなど）」や、「音楽の仕組み（呼びかけとこたえ、音楽の縦と横の関係など）」のうち、何に焦点を当てるかといった教材研究が必要となります。そし

て、それをどのように子どもたちにアプローチするかを考えます。例えば、映像や写真を提示する、歌詞の読み方を工夫する、体を動かす活動を取り入れるなどといったアプローチが考えられます。子どもの発達状況や興味・関心のある方法を取り入れていきます。

　もう一つ大切な心がけは、他者との協働です。入学後間もない1年生は、集団で音楽を学ぶ方法を獲得していきます。教師の解釈や意図を一方的に押し付けるのではなく、子どもが思いや意図を互いに言葉や音楽で伝え合うことが重要です。例えば、先に述べた「うみ」を教師のピアノ演奏を聴きながら、波の動きを体の動きで表す学習で、教師はピアノを間違えないように弾くことに夢中になるのではなく、子どもの姿を観察することを優先します。大切なことは、子どもをよく見て、「今、こうやって動いていたけれど、それはどうして？」と問いかけることです。子どもは知っている言葉で自分の考えを表そうとします。子どもと教師の対話を、ほかの子どもたちは聞いています。教師が子どもの言葉を使ったり補ったりして考えを価値付けることによって、協働して学ぶと新しい考えが生まれるという楽しさに出会うことができるのです。互いの声をよく聴いて歌うために交互唱をすることも有効な手立てです。教師と子ども、子どもと子どもなど、短い1フレーズでも一人歌いをして他者と音楽表現をつないでいくことは、子どもにとって楽しく大切な活動です。教師が音楽や考えの交流を含めて授業を構想して、目の前の子どもをよく見る余裕をもちたいものです。いずれ子ども同士の協働による学習が成立するように、低学年での様々な教科の学び方について学校としての方針を明らかにすることは、カリキュラムマネジメントの視点につながります。

　小学校の音楽教育は、楽しむだけでなく、その先にある音楽科の「知識及び技能」「思考力、判断力、表現力等」「学びに向かう力、人間性等」の育成が目標です。子どもは自分の「思いや意図」を歌にのせて表現できるとき、"歌うことの魅力" を感じることができます。それらはすべて幼児期の表現遊びの経験が積み重ねられてこそ成立するのです。保育者は幼児教育の先で行われる小学校教育を念頭に置き、小学校教諭は幼児期の音や音楽に対する感性をベースとしながら、保幼小接続について考えることが求められています。

演習6

小学校以降の音楽教育で歌詞の情景や曲想を感じながら、表現を工夫していけるようになるためには、幼児期にどのような体験（学び）をしておくことが望ましいでしょうか。具体的に考えてみましょう。

Column 5

保育現場における子どもたちの歌の選び方
―子どもたちがキラキラと輝くために
　　　　　新沢としひこ（シンガーソングライター・こどものうた研究所 所長）

　古い歌、新しい歌、子どもの歌は数え切れないほどたくさんあります。そこから自分の感覚で歌を選んでいきます。感覚といっても、それは何を基準に、選んでいけば良いのでしょうか？

　僕は、「子どもファースト」が大事だと思います。一番は、その歌を歌ったとき、子どもたちはキラキラしているかどうかだと思うのです。子どもの歌は、そもそも子どものために大人がつくったものです。その歌を選んだのも先生という大人、演奏し、指導するのも大人。子どもたちはただ覚えて歌うわけです。そこに子どもが歌ってイキイキするということがなければ、本当にただ強制的に歌わされているだけになってしまうのです。

　子どもたちは「大人が歌えっていうから歌おうか」とか、もしくは「大好きな担任の先生が言うことだから、つきあって歌おうか」とか、さまざまな思いで歌っていることがあります。特に、先生と子どもの関係が良好で、子どもたちが先生のことが大好き、という場合には、子どもたちは喜んで先生が教えてくれる歌を歌ってくれます。どんな歌であっても。さて、そこからが判断の大事なところです。同じように、先生が良いと思って、子どもたちに教えたいくつかの歌。子どもたちは、全部同じように歌っているでしょうか？　歌によって、なにか子どもたちの反応が違いませんか？

　子どもの歌を選ぶときには、その判断がとても大切だと僕は思っています。子どもたちは歌によって様々な反応をするのです。

　着目してもらいたいのは、まず子どもたちの声の大きさです。同じように、教えたはずなのに、ある歌だけ、歌う声が大きい、なんていうことはありませんか？　歌いやすかったり、好きだったり、共感できたりする気に入った歌は、歌声が大きくなるのです。

　そして次は表情です。子どもたちが歌うときに、瞳をキラキラと輝かせたり、イキイキとした表情を見せているかどうかがとても大事なのです。面白い歌で、ゲラゲラニコニコ笑いながら歌っている子どもたちをイキイキしている、と思うこともありますが、イキイキとはそういう笑顔だけではありません。やや難しい歌に挑戦しているときの集中している真剣な顔、歌を伝えたいという感情のこもった情緒的な顔、リズムにのって身体が揺れる気持ちの良い顔、アップテンポの曲でテンションが上がってエネルギーがあふれでるような顔、などなど、その表情は様々です。しかし、どのような表情であっても「あ、今この子どもたちはイキイキしているな」「それともそうでもないな」という判断がとても大切なのです。

　イキイキした顔で歌っているということは、ただ歌わされているとい

う状態から、歌が自分のものになって、子どもたちの内側から歌が表現されているということなのです。そうなることが、子どもの歌はとても大切なのです。

　保育園・幼稚園・子ども園の先生たちというのは、プロの音楽家ではありません。それなのに、楽器を弾いて、歌を歌って、子どもたちに歌を教えなければなりません。ダンサーでもないのにダンスを教え、体操選手でもないのに体操を教え、イラストレーターでもないのに絵を教えたりします。保育とはそういう仕事なのです。生きていく上で、様々なことが楽しくて素晴らしくて、あなたの人生を豊かにしていくんだよ、ということを、子どもたちに教える仕事なのです。

　素晴らしい音楽を子どもたちに提供するのを目指すのではなく、「音楽って楽しいね。歌うことって気持ちがいいね。みんなで一緒に歌うって素晴らしいね」ということを伝えていくことが大切なのです。

　ピアノ伴奏の練習にうんざりしてしまったり、好きでもない歌を恐い顔で教えたり、先生の方が全然楽しめないで子どもたちに歌を教えているようなら、ちょっと立ち止まって、もう一度自分の保育を見直して、と僕は言いたいです。その保育は、何を伝えたいのでしょう。何を一番大事にしているのでしょう。

　子どものため、と言いながら、大人におとなしく従うように調教するような保育になってしまっていないか、「我慢を覚えることも大切です」と音楽を使って子どもたちを苦しめていないか、今一度見直してみましょう。もしくは「これは先生が大好きな歌だから歌ってね」と今の子どもたちに合っていない、難しすぎる歌や、自分の趣味に子どもたちを無理矢理つきあわせるような保育になっていないか、検証することも大切です。

　いろいろと難しいことを言いましたが、つまり、たくさん考えてほしいということが言いたいのです。保育の仕事は忙しいですからカリキュラムを考えるのも大変ですし、あれやって、これやって、と課題も多いでしょう。けれど、その一つ一つ、それは子どもの視点になって考えているか、何を大切にしているか、大人の都合だけを優先していないか、と常に自分に問わないといけないのです。

　その答えは、子どもたちがその表情で教えてくれます。あなたが、子どもたちの気持ちに寄り添い、一生懸命、子どもたちの幸せを考えて取り組んでいけば、その気持ちは必ず伝わるのです。

　子どもたちと歌を歌うのは、とても幸せで、素晴らしいことです。たくさんの歌を歌うことは、たくさんの幸せな時間を得られるということでもあります。そのためには、大変だと思いますが、たくさん悩みながら、いろいろな歌を選んでみてくださいね。

第4章

身体表現

　乳幼児の保育の中心となる活動は「遊び」です。子どもは遊びを通して表現や対人関係など様々なことを経験し、多面的に学んでいきます。

　表現のきっかけとなるのは「表出」と「再現」の2つの要素です。「表出」は、人が無意識の中で生理的に表れるもので笑顔、泣き顔、悲しい顔、怒った顔など自然に出てくるものです。当たり前のことのように感じますが、表現をすることによって人と人とがコミュニケーションをとり、自然と気持ちを伝え合っているのです。乳児は、まだ言葉を通じて自分の欲求を表現することが難しいので「泣く」という行為で相手に何かを訴えます。幼児になると表現のバリエーションも増え、自然表出の表現や身振り手振り、言葉を使って気持ちを伝えます。「再現」とは、自分が体験、経験、学んできた物事が時間を経て再び現れることです。すなわち、子どもが過去に学習したことを思い出し、自分以外の動物や乗り物、人、音声など動きや音を模倣し、その生き物や物になったつもりになることです。ままごと遊びで家族やペット（犬や猫）などの役割を話し合い、声やしぐさを再現しながら楽しみ合う子どもの姿があります。これは、家庭生活の再現で子ども自身が五感を使って経験し、家族が行っているしぐさや行動、生活音、ペットの動きを想像し、その子なりに考えて身体表現をした姿なのです。

　このような遊びの中で、子どもは友だちの姿を見て模倣したり、逆に見られる側になって友だちから模倣されたりと、相互に影響し合って表現の幅を広げていきます。ここではそのヒントとなる活動としてパントマイムやからだ遊び、タオル遊びなどを紹介します。子どもと一緒に楽しめる身体表現を実践していきましょう。

表現を引き出すかかわり方を考えてみましょう
（写真は「チューリップ」とそのまわりにいた「ミミズ」になりきった子どもたち）

1 ──イメージを広げよう！ パントマイムの魅力

空中でカバンが止まっているように見えたり、そこにはない壁があるように見えたり、マネキンのようにまったく動かない人がいたり…。一度は目にしたことがあるのではないでしょうか。これらの表現はすべて「パントマイム」と呼ばれています。

「パントマイム」という言葉は 2 つの言葉から成り立っています。「パント」とは古代ギリシャ語の「Pantos（パントス）」が由来で、「パン」には「すべて」という意味があります。つづく「マイム」は同じく古代ギリシャ語の「Mimos（ミーモス）」が由来で、これは「まねっこをする」という意味の言葉です。つまり「パントマイム」とは「すべてのものをまねっこする」（言い換えると「あらゆる物事を再現する」）という意味なのです。

子どもたちにパントマイムを観てもらうと、笑ったり、驚いたりしてくれます。すると子どもたちは「やってみたい！」と言い出し、見よう見まねでまわりの人に見せてくれます。パントマイムが、子どもたちが普段何気なくやっている身振り手振りの延長と捉え、「自分にもできそうだ」と思えるのでしょう。この取っ掛かりやすさがパントマイムの最大の魅力です。身体ひとつで笑いや驚きなどたくさんの感情を生み出すことができるパントマイムの表現、なんて魅力的だとは思いませんか。

１ パントマイム遊び ─からだっておもしろい─

まずは「まねっこ」と「からだ」で遊んでみましょう。子どもがつい真似したくなる動きを取り入れることが大切です。保育者が「わぁ！ ○○くんの突き出したお尻が面白いね！」「手で表現したお花の花びらが素敵だね」などと声かけし、子どもが自分自身の「からだ」を客観視できるようになると、表現の幅がぐんと広がります。子どもの細かな身体表現を保育者は見つけてあげてください。

実 践
まねっこ どうぞ！

対象年齢　全幼児（親子）

お手本となる人のポーズをまねっこする遊びです。まずお手本の人ができるだけ喋らずにポーズをとります。ポーズがとれたら「まねっこどうぞ！」が合言葉！ 子どもはそのポーズをまねっこします。ポーズをどんどん複雑にしていったり、面白おかしいものにしたりすると、子どもも大喜びです。人数問わずに気軽にできる遊びです。

> ねらい
> 人の身体の部位や動きに興味・関心をもってよく見たり、自分も一緒に動いたりして身体表現を楽しむ。

遊び方

❶ 保育者と子どもたちが向かい合い、ポーズを準備します。

❷ 保育者がポーズをとり「まねっこどうぞ！」と声かけします。

❸ 「まねっこどうぞ！」を合図に、子どもたちはポーズをまねっこします。

❹ ポーズを変えるなどして、繰り返しまねっこを楽しみます。

ポイント

・ポーズに慣れてきたら、動いたり、簡単な声も出してみたりしましょう。

・0〜1歳児の場合は、大人が手を添えながら様々なポーズをして楽しむのもよいでしょう。

発展

・からだのポーズを"顔だけで"まねっこします。顔のパーツをまんべんなく使いましょう。まねっこした顔を友だち同士でにらめっこしましょう。

・お手本を素材（ペットボトル、紙、タオル）にしましょう。保育者が素材をいろんな形にしたり、動かしたりしてそれを子どもが観察し、からだでまねっこします。素材は予想だにしない形や動きになりますのでとても面白いですよ。

【実践】
ロボット動かし

対象年齢 3・4・5歳児（親子）

ねらい
友だちと一緒に身体全体を使った動きを楽しみながら、身体感覚を感じたり、各部位の機能を意識したり、使いこなしたりしていく。

親子や子ども同士で楽しめて、ふれあいがたっぷりの遊びです。ロボットになりきることで「静止する」こと、からだをカチコチに「固める」ことの不思議さを味わえます。普段の生活ではあまり行わない身体の使い方なので、子どもたちは夢中になります。

【遊び方】

① 博士役とロボット役を決めます。

② ロボット役の人は「気をつけ」の姿勢で固まります。博士役の人はロボットに自由なポーズをとらせます。

③ ポーズが完成したら、ロボットの人は動かないでそのままでいます。

④ 博士同士で完成したロボットを見せ合いましょう。

⑤ 役を交代して繰り返します。

【ポイント】

・「ロボットは何でできているかな？」と子どもへたずね、ロボットが硬いもの（鉄）でできていることをイメージさせてあげましょう。イメージするだけで身体の使い方も変わります。

博士

【発展】

・ロボットにスイッチを追加してみましょう。スイッチの場所は鼻、おへそ、おしりなどがよいでしょう。スイッチを押すとどうなりますか？　例えば、鼻は「変顔になっちゃうスイッチ」、おへそは「ハイジャンプスイッチ」、おしりは「大爆発スイッチ」。子どもと決めて遊んでみましょう。

・親子で楽しむ場合には親が博士になって、子どもがいろんなポーズをとりましょう。スイッチもたくさん押してふれあいを楽しみましょう。

2 イメージで遊ぼう　─ないものがあるように見えるおもしろさ─

パントマイム表現の中で一番面白いのは「ないものがあるように見える」ということです。子どもはもちろん、誰もがこれに夢中になります。ここではその面白さを紹介します。

パントマイムでは、そこにはないものを"あると思う"ことが大切です。強くイメージをすることによって、その再現性は増していきます。例えば、「ボールをイメージしてください」と言うと視覚情報の動き（丸い）ばかりが先行してしまいがちですが、ここでさらにほかの感覚を足してみてください。触覚（硬い）、味覚（アイ

スクリームのように甘い）、嗅覚（よい匂い）、聴覚（カランと音がする）を足すと…。さて、どんなボールをイメージしましたか？　五感をプラスするだけでイメージはぐんと広がります。パントマイムを観た人とイメージが共有できたとき、喜びが生まれます。

実　践
いろんな壁をやってみよう！

対象年齢　3・4・5歳児

ねらい
平面をイメージし、身体の各部位を動かして、自分なりに（素材の硬さや感触を）表現することを楽しむ。

パントマイムの代表的な動きの「壁」をやってみましょう。見た目がとても面白い壁のパントマイムは子どもも大好きです。子どもたちの興味や意欲を引き出すのにぴったりのパントマイムを一緒に楽しみましょう。

遊び方

❶ 目の前に壁をイメージします。

❷ 片手ずつ壁に手をつけます。つけた手は「ピン！」と張った「パー」の手になるようにします。そしてもう片方の手もつけ、両手が壁についた状態となります。

壁につけた手は「パー」の手にします

「パー」の手はピンと張ります

壁から離す手は、軽く握るようにして…

ふわっと引きます

❸ どちらからでもよいので、片方の手を壁から「ふわっ」と離し、元についていた手の位置とは違うところに手をつけます。同じようにもう片方の手も行います。

❹ ❸を繰り返します。上下左右に手をつけてみましょう。

ポイント

・手をつけるときよりも「離す」ときの動作に気をつけます。壁から手を離す際は、手を軽く「グー」の手にして「ふわっ」と離すことがコツです。緩急をしっかりつけて手を「ピン！」とつけ「ふわっ」と離すと、壁がそこに残って見えます。

発展

・様々なバリエーションの壁をやってみましょう。数人で壁を行い、お互いに見せ合って発表会にすることもできます。
バリエーションの例：「冷たい壁」「トゲトゲの壁」「お菓子の壁」「囲まれた壁」

実 践
なげて＆わたして＆キャッチ！

対象年齢 | 全幼児（親子）

> **ねらい**
> 立体をイメージして自分なりに表現するとともに、友だちの動きを応答して動いたり、イメージを共有したりして表現する楽しさを味わう。

　いろんなものを投げたり、渡したり、キャッチするパントマイム遊びです。双方でイメージを共有することを心がけます。相手の「気持ち」までも共有すると不思議と連帯感が生まれ、共感性を高める遊びとなります。

遊び方 **みんなでボールキャッチ**

1 保育者と子どもたちが向かい合い、保育者は投げる準備をします。
2 保育者は子どもたちに向かってパントマイムで「ボール」を投げます。
3 子どもたちはパントマイムでキャッチします。
4 子どもたちが保育者に向かってボールを投げ、保育者はそれをキャッチします。このキャッチボールを繰り返します。

ポイント

・指導者は投げ方にバリエーションをつけてみましょう。ボールをゴロゴロと転がしたり（上下）、強く投げたり（強弱）、大玉を投げたり（大小）、投げるものを変えるなど、様々なバリエーションで楽しみましょう。

遊び方 **2人組になって渡そう**

1 2人組になります。
2 片方がパントマイムで「ボール」を相手に渡します。
3 もう片方がパントマイムで受け取ります。
4 それをある程度繰り返したら、渡すものを「（大きな）風船」「（重い）ボーリングの球」「（熱々の）ラーメン」「（かわいい）犬」「（大切な）赤ちゃん」などに変えていきます。

ポイント

・渡すものは、順番として「大きさ（大・小）」や「重さ（重い・軽い）」の違いなど、比較的イメージしやすく身振りや手振りで表現しやすいものにしましょう。徐々に「温度（熱いもの・冷たいもの）」の違いや「動くもの（生き物・風船など）」など、繊細な表現や個性があるものにもチャレンジしてみましょう。ないものがあるように見えることの面白さに、「気持ち」も加えることを心がけてください。「気持ち」をプラスするだけで表現がどう変わったか、子どもと丁寧に話し合ってください。特に「生き物」を渡すパントマイムは「大切にする」という気持ちを表現してみましょう。

・「荷物の配達でーす！」と言って配達屋さんごっこのように遊んでみましょう。配達屋さんはとんでもないものを運んできて、それを受け取るというものも楽しめます。親子で楽しむ場合には、子どもを配達物に見立てて、子どもは配達物になりきるのも盛り上がります。

・みんなで輪になって一つの「もの」をパントマイムで回してみましょう。「もの」だけでなく「気持ち」も一緒に回しましょう。

3　絵本の世界からイメージを膨らませよう

　パントマイムの動き方を楽しめるようになったら、お話を演じてみましょう。オリジナルのお話をつくっても楽しめますが、ここでは絵本を題材にしたお話づくりを紹介します。絵本の活用はイメージを共有しやすいだけではありません。絵本には実際に経験できないドキドキ、悲しみ、喜びがあり、パントマイムによって目には見えない想像の世界が広がっていき、絵本の世界が体感できたり、近づけたりできるのです。

　題材となる絵本は子どもと一緒に決めるとよいでしょう。子どもの興味・関心や成長過程など日々の保育の中で培ってきたイメージや表現力を基礎に、子どもの課題にあったものを選ぶとなおよいでしょう。現在、主流となっている楽器の演奏、歌唱、あり物の劇などではなく、子どもの主体性や想像性を大事にしたお話の絵本をもとにつくってみましょう。衣装や舞台美術・装置に頼りすぎず、体をいっぱい使って表現することを意識します。子どものアイディア（絵本に出てこない登場人物や、展開）を引き出して取り入れてみると、きっと楽しい物語ができるでしょう。

実　践
だるまさんの動きをまねっこしよう

対象年齢　0・1・2 歳児

『だるまさんが』
かがくい ひろし
作
ブロンズ新社
2008 年

　ついまねっこしたくなる、だるまさんの面白おかしい動きや表情が、言葉と一緒に描かれているベストセラー絵本です。まねっこが大好きな時期の 0 〜 2 歳の子どもたちと保育者が読む絵本とのやりとりを通じて、まねっこしてみましょう。2 歳児はお手本となる動きができる子もいるので、子どもにもお手本になってもらい「（お手本の子）○○くんが…ジャンプした！」と子どものアイデアと動きを取り入れて遊んでみましょう。

どてっ！

実 践
かぶと引っ張る人になってみよう

対象年齢　3・4・5歳児

　おじいさんからネズミまで出てきて、おおきなかぶを抜くというストーリーです。このお話には、パントマイムで遊べる要素がたくさん詰まっています。まず、「かぶ」は、大人数で「かぶそのもの」を演じてみましょう。「すっぽーん！」と抜けたときにどう表現するかが「かぶ」の一番の見せ場です。みんなでジャンプしてダイナミックに表現しましょう。

うんとこしょ
どっこいしょ！

　出演する子どもの人数に合わせて、絵本には出てこないキャラクターも登場させましょう。キャラクターを表現するコツは「特徴を一つ決め、それを表現する」ことです。例えば、ゾウは「長い鼻」、正義の味方は「決めポーズ」など特徴や動きがわかりやすいものがよいでしょう。被り物や衣装に頼るのではなく、パントマイムでキャラクターの表現を楽しみましょう。かぶの葉を持って引っ張るパントマイムは、「うんとこしょ どっこいしょ」の掛け声と動きが合わさるようにしましょう。原作では先頭のおじいさんだけが葉を持っていますが、キャラクターみんなで持っても楽しいでしょう。子どもたちでつくる世界に一つだけの「おおきなかぶ」を演じてみましょう。

『おおきなかぶ』
A・トルストイ作
佐藤 忠良絵
内田 莉莎子訳
福音館書店
1966 年

演習7

1. 子どもとパントマイムで楽しみたい題材と展開方法についてアイデアを出し合ってみましょう。

　　例）食べる動き、スポーツ、職業のなりきりなど

2. 身体を動かしたくなる絵本を一つ探し、紹介し合いましょう。

Column6

体験をもとにしたイメージの積み重ね

　パントマイムをきっかけに子どもは、あらゆることに興味が湧いてきます。「ゴリラってどうやって胸をたたくんだろう？」「歯ブラシはどうやっていたっけな？」「おじいちゃんの歩き方は、お母さんと違う！」など、普段の生活を今一度考え、動植物を熱心に観察する姿が見受けられます。この発見と観察こそ、学ぶ力につながるのではないかと私は考えています。豊かな表現を育むためにも、日頃から遊びや生活の中で心を動かして見聞きする体験やその体験をもとにイメージを広げることの積み重ねが大切になるのでしょう。

ノンバーバルコミュニケーション

　相手に何かを伝えるとき、言葉ではない方が伝わることがあります。これは「ノンバーバルコミュニケーション」と呼ばれるものです。子どもがひどく落ち込んでいたり、泣いているときに「大丈夫だよ、元気だして」と言うよりも、抱っこしてあげたり、背中を優しくさすってあげた方が子どもに安心を与えることができた経験はありませんか。時には、体は口以上にものを言うということです。

パントマイムで気づいた保育者の役割

　「ドアを開けて壁から出る」というパントマイムを、子どもたちに観てもらった後のことです。「ねぇ！　みてみて！」と女の子が駆け寄ってきて「私なら壁からこう出るよ！」と言うと、「ヤー！」と思いきり壁を蹴っ飛ばして破壊したのです。ウォ！　と私が楽しんで見ていると、それを見ていた男の子が「僕はね！」と、エネルギー波で壁を吹き飛ばしました。こうなるとパントマイムの連鎖は止まりません。あっちではシャッターを開けてみせる子もいれば、こっちでは自動ドアを出現させる子も出てきて、そこは楽しいパントマイム祭りになりました。

　子どもたちの「元気なからだ」「想像力」そして「ちょっぴりの勇気」を受け止め、支えられる保育者こそが、理想の保育者像だと私は考えています。そして、保育者が楽しく動いて笑う様子を、子どもたちがまねすることによって、そこに素晴らしいエネルギーが生まれます。まねっこが生みだすエネルギッシュで楽しい時間を子どもたちとたくさん過ごしてください。

2 ——からだあそび　—全身を使って表現を楽しもう—

「こころ」と「からだ」はつながっている

　「こころ」がウキウキしている子どもは、自然と「からだ」が動いていると感じます。「心が笑えば、体も笑う」。いつも子どもたちにそう教えられているように感じるのです。また、遊びを通して楽しみながら体を動かすことで、自然と身体機能が巧みになり、体力も培われていきます。

　幼児期は、生きるための土台づくりの時期です。子どもたちの「こころ」と「からだ」が健康に成長していくためには、「遊びの延長線上」で身体表現を楽しみ、体験を通して生きる知恵・運動機能などを身につけていくことが大切です。子どもたちが主体的に「やってみたい」と思えるような遊びを積極的に活動を取り入れていきましょう。ここでは、リズムに合わせた「まねっこ遊び」や全身をまんべんなく使った表現遊びを紹介します。目の前にいる子どもたちと一緒に楽しむ気持ちで遊んでみましょう。

実　践
歌から広がる表現遊び
「どうぶつが『どんぐりころころ』をうたいました！」

ねらい
知っている歌や動物のイメージをもとに全身で表現遊びを楽しみ、リズム感やバランス感覚を養う。

遊び方

❶ 子どもたちは保育者と一緒に『どんぐりころころ』の歌に合わせて手拍子をします。

❷ 1度歌ったら、「もしもブタさんが、どんぐりころころをうたったら？」と子どもたちに問いかけ、子どもたちのイメージを引き出し、ブタになりきって歌います。

♪どん　ぐり　ころ　ころ　どん　ぶり　こ（ブー）
♪おい　けに　はま　って　さあ　たい　へん（ブー）
♪どじょ　うが　でて　きて　こん　にち　は（ブー）
♪ぼっ　ちゃん　いっ　しょに　あそ　びま　しょう（ブー）

子ども一人一人の表現の仕方を受け止めつつ、歌の合間に「ブー」などの鳴き声を入れると、子どもたちのワクワク感が引き出されます。

歌に合わせて7回手拍子
＊歌詞下線部で手を1回
　たたく

「ブー」と鳴きながらポーズをとる

❸ 次に、「今度はどんな動物がうたっているでしょう？」と子どもたちに問いかけます。いろいろな動物に変身して楽しみましょう。

ポイント

・知っている歌から遊びを広げると安心して活動に参加することができます。

・子どもたちにとって身近でイメージしやすい動物を題材にしましたが、子どもの年齢や興味・関心に合わせて、乗り物・人物・果物などでも楽しむことができます。

・歌うテンポを変化させるなど子どもの様子に合わせて遊びを進めましょう。

・大きな動物や小さな動物、動きがゆっくりとしたものや速いものなど変化のある題材を選んだり、鳴き声を増やしたり声のトーンを変えたりする意外性を加えたりするとより様々な表現を楽しむことができます。

応用編　『どんぐりころころ』遊びでいろんな動物になろう

　　歌いながらジャンプをします。鳴き声などと同時に、その動物を全身で表現して楽しみましょう。

ポイント

・全身で動き楽しむために楽しい雰囲気づくりを心がけて、子どもたちの発想・発信を受け止め、保育者も一緒に面白がって表現することを楽しみましょう。

・ほかの曲でも楽しめます。子どもたちが日頃から楽しんでいる曲などでも試してみましょう（短い曲がおすすめです）。

実　践
ワニさんのおくち

> **ねらい**
> 歌に合わせて体を動かしながら様々な動き（身体表現）を楽しみ、柔軟性を高める。

※○○○の部分には、食べ物の名前などを入れて歌いましょう。
□□の部分には、食べるときの言葉を自由に入れましょう。

遊び方

❶ 歌に合わせて、全身でワニのくちをつくります。はじめに食べる物は保育者が決めてもよいでしょう。

♪ワニさんが　おおきな　おくちをあけました　　　　♪わーお

脚を伸ばした状態で座り、両手で片方の足先を持つ

片足を持ち上げる

> アレンジ例：
> 「ラーメン」、「石」→ワニさんの歯がかけた、「鬼ごっこの実」→実を食べたワニさんはみんなを追いかけます→「まてまて～！」 など

❷ 子どもたちに「ワニさんが食べたものはなんでしょう？」と問いかけ、子どもたちとコミュニケーションをとりながらイメージを広げて様々な体の動きを楽しみます。

♪ワニさんが おおきな りんごをたべました　　♪むしゃ　むしゃ　むしゃ

足をそのまま上げておく

「むしゃむしゃ」と歌いながら、足を上げたり下ろしたりする

ポイント

・はじめは片足を持たずに、長座のまま前屈をするように遊んでもよいでしょう。

・「ワニさんが食べたものはなんでしょう?」と問いかけて子どもの想像力を引き出し、子どもたちの発言を活かして物語をつくっていくと面白くなります。

例えば、「石を食べて歯がかけたワニさんは、歯医者さんに行くことにしました。しかし、歯医者さんまでとても遠いのでワニさんは困っています。」と即興で物語の続きをつくります。「そこにやってきたのが?」と、子どもたちに問いかけます。その瞬間、子どもたちの創造の世界はより広がり、遊びもどんどん広がっていくでしょう。

応用編　おおきなおくちをあけました　いろいろバージョン

立ってパタパタ

両手をつないで
友だちと一緒に

実　践
なんでもたんてい事務所—戸外バージョン—

ねらい
自分の遊びのイメージを言葉で表現し、体を動かして楽しむ。

遊び方

❶ 事務所の場所をみんなで決める(ベンチの近く)

鳴った電話に保育者が出る。

「プルプル　ピッ　はい、こちらなんでもたんてい事務所です!」

❷ 電話のやりとりを復唱するように子どもたちに伝える。

「なんだってー!　ありさんがお家で集めたクッキーがなくなっている?　それは大変だ!鉄棒の近くですね?　すぐに行きます。ピッ(電話を切る音)。」

子どもたちは
まねっこ遊びをします

鉄棒の近くまで走って行きます

❸「現場に着きました！　ありさん大丈夫です。私にお任せください！」

　ありさんのクッキーを探しながら子どもたちに問いかける。

　「みんなクッキーあった？」

❹ 子どもたちの声に合わせて、お話を進めていく。

園庭を走り回ります

保育者「カラス見つけたら教えてね〜！」

子ども「いた〜カラスさんかえしてね〜！」アリさんにクッキーを返す

「これにて一件落着」と、みんなで声を揃えて言い、事務所に戻るとまた電話が鳴ります。繰り返し楽しみましょう。

ポイント

・子どもたちの様子を見ながら、はじめは保育者がリードして遊びを進めていきましょう。

・子どもたちへ問いかけることで、ストーリーづくりが楽しめるようになったら、子どもたちが電話に出て自分のイメージを言葉で伝えられるように導いていくとよいでしょう。

でんきやさん鬼ごっこ

遊び方　電気屋さんにある物（洗濯機）をイメージした鬼遊びです。

① 保育者が鬼役になります。

② 「せんたくき！」と言って子どもたちにタッチをし、タッチされた子どもはタオルのポーズで固まります。

③ 助けるときは、タオルポーズの子どもを取り囲むように複数人が手をつないで円（洗濯機）をつくり、ひとまわりします。

④ タオルをきれいに洗ってもらえれば再び逃げることができます。

応用編 1　電子レンジ鬼ごっこ

① タッチされたらカチカチの野菜になって固まります。

② 助けるときは 2 人で「チーン」と言って温めます。

ポイント

・タッチされたら固まり、助けてもらえると逃げることができるルールは変わらないので、つくりやすい遊びです。「助けるときは 3 人で力を合わせる」などルールを追加すると協同的なかかわりが増えていくでしょう。

応用編2　電気屋さんにあるもので遊び方を考えてみよう

❶ 子どもたちに電気屋さんにあるものを問いかけます。

　「電気屋さんにはどんな物があるかな？」

❷ 子どもたちから多く回答があった電気屋さんにあるものを題材にした遊び方を一緒に

　考えてみましょう。

　子ども「テレビ！」

　保育者「『テレビ』と言ってタッチされたらどんなポーズで固まる？」

　　　　「テレビポーズで固まっている友だちを助けるときはどうする？」

どんなポーズで
固まる？

親指と人差し指をくっつけて
テレビポーズ

友だちを助ける
ときは？

演習8

　1. 子どもが主体的に身体表現を楽しむための環境づくりや保育者のかかわりのポ
　　イントについて考え、記してみましょう。
　2. 鬼ごっこをアレンジし、身体表現の要素を入れた遊びのアイデアを考えてみま
　　しょう。

Column 7

子どもたちの自由な表現を引き出すために大切なことは？

　日々、子どもたちと遊びながら感じることは、身近にある物やかかわる人々によってその「好き」や「興味」は変化することがあるということです。

　例えば、てんとう虫を見つけた子どもが「せんせいみつけたよ」と言って全身で喜びを表現したとき、身近で見守る保育者が一緒になってその喜びを共感できたら、子どもは素直に伝えることが楽しいと感じるでしょう。その後、保育者が楽しそうに「てんとう虫鬼ごっこ」を提案すれば、子どもの発想は広がり「カマキリ鬼ごっこ」や「ダンゴムシ鬼ごっこ」が出来上がるかもしれません。そこから、「もっと面白い虫を探そう！」と虫図鑑を手にとって、好きな食べ物や住んでいる場所などを調べ始め、虫探しが「自分の好きなこと」になる可能性だってあります。けれど、共感してもらえなかったら、子どもたちはどんな気持ちになると思いますか？　「うれしい」「たのしい」という気持ちになるでしょうか？

　つまり、子どもたちが自己表現を楽しむためには、喜怒哀楽を受け止めてもらえる環境（人の存在）がとても大切だということです。受容・共感し、認めてもらえることで自信につながり、自己肯定感が高まります。「自分は大切な存在だ」と感じ、感情が安定することで、表現する意欲も高まるのです。また、共感してもらえる安心感は信頼関係を育み、発言しやすい環境を整えることにつながります。自由な発想・自由な発言・自由な表現を引き出すためには、保育者が子どもたちの気持ちに寄り添い、個々のこだわりを身体表現にまで高めようとヒントを与える努力をしながら、安心して楽しく遊べる環境を整えていくことが必要だと思うのです。

3 ——全身で表現を楽しもう

　幼稚園教育要領解説には保育者の役割について、「教師は幼児にとって人的環境として重要な役割を果たしている」と述べ、「教師の姿は幼児のモデルとして重要な意味をもっている」ことを指摘しています。また、鈴木ら（2000）は、「幼児の身体表現のねらいは、子どもたちが自分の感性や知性を活かしてイメージを膨らませ、からだを使って動きを工夫することで表現する喜びを味わうことである。」と述べ、5歳児を対象とした実証研究を通して、身体表現におけるイメージの具現化と自由な表現を引き出すためには、「題材選び」と「保育者の言葉掛け」が重要性であることを示唆しました。つまり、豊かな感性や表現を育むためには、日頃から、子ども一人一人の素朴な表現を受け止め、保育者自身が（応答的なかかわりを通して）表現すること楽しむことが大切です。子どもは自分のイメージや表現を受け止められることで、安心して自分なりの表現を楽しめるようになるとともに、友だちの表現も肯定的に受け止めていけるようになります。また、互いの表現を受け止め、影響し合う中で、自分自身の表現の幅を広げ、友だちと一緒に考えたり工夫したりしながら、より創造的な表現を楽しめるようになっていきます。ここでは、子どもの表現を引き出す身近な題材と保育者のかかわりについて、実践例を通して考えてみましょう。

実　践
チューリップの花が咲くまで

対象年齢　　4・5歳児

ねらい
・経験したことを身体で表現し、感性を養う。
・イメージした植物や生き物になりきって、動き楽しむ。

　クラスのみんなで取り組んだ「チューリップ栽培」の共通体験をもとに、球根の形をたずねます。

チューリップの花、みんなでお水をあげてお世話をしてきれいに咲いたね！

こうだったよ！

こんなの！

チューリップの「赤ちゃん」の球根はどんな形をしていたかな？

こんなかたち！

子どもたちは様々な球根を表現します

保育者が「それは違うよね」「球根の形はこうだよね」などと否定的な声をかけたり、決めつけたりせず、子どもたち一人一人のイメージや表現を受け止めていくようにしましょう。単に「上手ね」というような評価的な言葉のみでは、認められたくて先生や友だちの動きの真似をする、という動きになる恐れもあるので、一人一人の表現を具体的な言葉で受け止めていくようにしましょう。

声かけのポイント

❶ わかりやすい言葉を使って具体的なイメージを引き出す。

（どんな形だった？　大きさは？　など）

❷ 子どもイメージや表現しようとしているものを見とって言葉に出していく。

（「そうそう。さきっぽがとがってたよね」「とがっている方を上にして植えたんだよね」など）

❸ 一人一人の表現の仕方を肯定的に受け止め、表現しようとする意欲や態度を高めるとともに互いの表現の仕方に気づき、刺激し合ったり認め合ったりできるようにする。

（「○○ちゃんの球根はじっと目が出るのを待っているのかな」「あ、□□くんの球根も小さな目が出てきたみたい」「なんだかいいにおいがする」「やわらかそうな花びらね」など）

次に、球根を植える場所を問いかけ、土になってみようと声をかけます。

そういえば、球根はどこに植えるんだっけ？

じゃあみんなで球根のお家、土になってみようか

つち！　つち！　つち！

子どもたちは土になりました

球根を植えることができるように土を耕してみようと促します。

ちょっと土が固そうだね

柔らかく耕してみよう！

保育者は、土の表現をしている子どもの体を揉んでみます

耕し役の子どもも土役の子どもの体を揉んで耕します

土の中にいた生き物について問いかけます。

土の中にはどんな生き物が
いるのかな？

一人一人がイメージした生き物などに子どもがなりきって表現する姿を受容し、促しながら応答的な声をかけていきましょう

ミミズ！

くねくねしています

ダンゴムシ！

くるんと丸まります

幼虫！

下段は土役です

ハサミムシ！

広げた足がハサミみたい

次は、球根を植えていきます。

次に球根を土に
植えてみよう！

子どもたちはいろいろな形の球根になります

まんまるの球根

足の間からのぞける球根

友だちと一緒に

尖がった先っぽ

それではお水をかけて大きくなれ〜
太陽の光りもキラキラキラ〜

水をかけるときや太陽の光りをキラキラさせるときは、
子どもの様々な部位をくすぐったりして楽しみます

あっ！
芽が出てきたよ

発芽して…

ふたばになりました

もう一度、ふれあいや表現を楽しみます。

もう少しお水を
かけてみよう！

子どもたちは立ち膝になって…
少しずつチューリップが成長していきます

チューリップの成長を促していきます。

ずいぶん
大きくなったね

立ち上がって…
チューリップがつぼみ
になりました

チューリップの開花を促します。

大きくなったチュー
リップは朝日を浴びて、
ゆっくりと花を咲かせます

少しずつ
花が開いていきます

ちょうちょを登場させて、お話の展開を広げます。

すると、そこへ
ちょうちょがやってきました

ひら　ひら～

保育者がちょうちょに
なってみせます

　保育者は歌を歌い、ちょうちょの表現を行いながら歌終わりに「このおはな！」
と言って、それぞれのチューリップにタッチをしてとまります。

♪ひらひらちょうちょ

♪ふわふわちょうちょ

♪どーのおはながきれいかな〜

　　「このおはな！」

ひらひらちょうちょ

作詞・作曲 / おおしまやすし

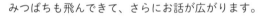

ひら ひら ちょう ちょ　ひら ひら ちょう ちょ　ど の お は な が　きれ い か な
ぶー ん　みつ ばち　ぶー ん　みつ ばち　ど の みつ が おい し そう か な

みつばちも飛んできて、さらにお話が広がります。

次にやってきたのは
あま〜い蜜が大好きな
みつばちです

保育者がみつばちに
なってみせます

ぶ〜ん

ぶ〜ん

子どもたちもみつばち
になりました

　保育者は歌を歌い、みつばちの表現を行いながら歌終わりに「このみつ！」と言って、
チューリップにとまり、髪の毛などをモニョモニョしてふれあいます。

♪ぶ〜〜〜んみつばち

♪ぶ〜〜〜んみつばち

♪ど〜のみつがおいしそうかな〜

このみつ！

保育者がチュー
リップの子ども
とふれあいます

子どもたちも髪の毛を触ったり、こちょこちょしたりしてふれあいます

そろそろ遊びはおしまいです。最後に「チューリップ」の歌を歌いながら花を閉じて終了です。

もうすぐ夜です

チューリップも
お休みの時間です

チューリップの花が閉じていきます

チューリップ

作詞 / 近藤宮子　作曲 / 井上武士

さ　い　た　　さ　い　た　　チュー　リッ　プ　の　　は　な　が

な　ら　ん　だ　　な　ら　ん　だ　　あ　か　し　ろ　　き　い　ろ

ど　の　は　な　　み　て　も　　き　れ　い　だ　な

実践
友だちと一緒に表現を楽しもう　―2人組―

　身体機能の発達に伴い、子どもたちはこれまでに見聞きし、感じてきた経験を体全体で表現するようになります。また、友だちと一緒に考えたりして一緒に表現することもできるようになります。

　保育者は、友だちと一緒に考えを出し合ったり相談したりしながら、身体表現を楽しめるように子どもの発想やつぶやきを受け止めていきましょう。

球根

足の裏と足の裏をくっつけて…こんな感じ！

2人で球根を
つくるとしたら
どんな感じ？

手のひらと手のひらもくっつけて…こんな感じかな〜

チューリップ

こんな風に
つぼみがとがって
いたよ！

風で揺れて
いるんだよ！

茎が長～く
のびたよ

もうすぐ
咲くよ！

小さな蕾ができ、咲く瞬
間を待ちわびて見守る様
子のようです

根をはっ
てるの！

どっしりと根付いた球根から茎が力強く伸
びている様子のようです

実　践
友だちと一緒に表現を楽しもう　―集団―

　「もっと人数を増やして表現してみよう！」と投げかけるとそれぞれがどの位置になった
らよいか、互いにイメージや考えを言葉で伝えながら、こんなチューリップができました。

わたしはこっちの
花びらね

ぼくはこっちの
花びら

チューリップ以外へも
表現物の対象が広がり
ます

みて
みて～

「植木鉢になるのは
どう？」「いいね」
と互いの考えを受け
止め合い、植木鉢役
と花の役に別れて表
現しました

今度は役が一部入れ替わり、それぞれの咲き
方にこだわった表現になりました

このような姿の背景には、日頃から、自分の発想やアイデアを伝え合うことができる「雰囲気」や、受け止め合える「仲間（人間関係）」、一人一人の子どもの表現を受け止めたり橋渡しをしたりして、みんなで一緒に表現する楽しさを味わえるように援助する「保育者」の存在が大きいと言えます。

　その子なりのイメージでチューリップや土、虫、葉っぱ、水、太陽などになりきって様々な身体表現を楽しむ姿が見られます。4・5歳児になってくると自分の考えやイメージを言葉で友だちに伝えたり仲間と相談したりしながら、みんなでオリジナルの表現をするようになります。いきなり集団から始めるのは難しいので、まずは個人から行い、そして少しずつ慣れてきてから2人組へと移行しましょう。

　2人組で行うときは、子ども同士で「こうしようよ」「じゃあ、わたしはっぱやるね」などと話し合い、イメージを共有しながら、役割分担をしたり協力しあったりして進めていけるようにします。はじめはなかなか自分のイメージがうまく伝えられず役割が決まらない場合もあるので、そのときは保育者が寄り添い、「チューリップのどの部分になってみる？」「そうね、花を支えるねっこも必要だね」などと問いかけたり、一人一人の言動（考えやイメージ）を受容したり、橋渡しをしたりしていくとよいでしょう。完成すると子どもたちは「みてみて」と保育者に声をかけ、見てもらおうとします。このときにできた作品の感想を伝えることで子ども自身も「やったー！できた！」という満足感や達成感を味わい、つぎはまたちがうものを表現してみようと意欲が生まれてくるので、丁寧にかかわっていくことが大切です。

　繰り返し経験をしていく中で3人、4人、集団と個々の役割を話し合いながら、表現を創作してみましょう。そのとき、保育者は子どもたちの自由な発想やイメージを大切に見守りながら、仲間と一緒に表現するプロセスを楽しめるように進めましょう。

演習9

1. 子どもと身体表現を楽しむ際の題材選びのポイントと保育者の役割について考え、記してみましょう。
2. グループワーク：4〜5人のグループになり、以下の中からテーマを一つ設定し、ストーリーを考えてみましょう。ストーリーに合わせた身体表現の動きをグループで考えましょう。

| 春　夏　秋　冬　公園　海　山　動物園 |

　※グループごとに発表する際は、テーマを伏せて発表を行い、表現の動きからテーマを当てっこしてみるのもよいでしょう。

Column8

保育者と子どもの信頼関係

　遊びを展開していく上でもっとも大切なことは、子どもとの信頼関係です。限られた時間の中で子どもたちみんなとコミュニケーションをとることは難しいものです。以下のことに気をつけながら、かかわるようにすると子どもとのよりよい信頼関係が築いていけるでしょう。

子どもの目を見て、しっかりと話す、聞く

　目を見て話をしたり、聞いたりすることで安心感を得られることがあります。この安心感は信頼感を深めることもつながるものです。子どもに向き合って目を見て、話して、耳を傾けましょう。

タッチなどのふれあいコミュニケーションをとる

　子どもは五感（視覚・聴覚・味覚・嗅覚・触覚）を使って様々な情報を得ようとしています。スキンシップによって「愛情ホルモン」とも呼ばれるオキシトシンという物質が脳内で分泌され、情緒を安定させ、安心感を芽生えさせてくれます。子どもが何かに取り組んだ後に「やったね！」「できたね！」「がんばったね！」と認める声がけとともにタッチを行うことによって、達成感や嬉しさを感じることができます。「ぼくのことしっかりとみてくれているんだ」と子どもが感じ取り、保育者との心の距離もより縮まることでしょう。

前を向いて明るく楽しんで活動を行う

　子どもは大人の様子を（感覚的に）よく見ています。明るく元気な保育者のところに子どもたちは集まりますので、楽しみ合う気持ちを忘れずに取り組んでいきましょう。

　保育者のかかわり次第では、遊びの方向性が大きく変わってきます。小さな表現の芽生えを大切に受け止めながら、子どもの可能性を広げ、たくましく生きていく力を育てていきたいものです。楽しみ合う気持ちをもち、一人一人の個性豊かな表現を引き出せる保育者を目指しましょう。

4 ──表現を引き出すタオルあそび

　身近な素材の「タオル」は表現を引き出す環境の一つとしても活用することができます。肌ざわりが心地良く子どもにとっても扱いやすいため、色や模様からイメージを広げて様々なものに見立てたり、形を自由に変えて遊んだりすることができ、子どもの想像力と創造性を育むことができます。「タオル」1枚から広がる表現遊びを楽しみましょう。

■実■践■ サンドイッチをつくろう　―畳んで楽しもう―

ねらい
タオルの色や形からイメージを広げ、見立てたり、畳んだりして表現することを楽しむ。

　サンドイッチをつくるイメージで、畳むことを遊びにしてみましょう。はじめはきれいに「端」がそろわなくても大丈夫です。自分で畳んだタオルを重ねてサンドイッチをつくったり、つくったものを使ってお店屋さんやピクニックごっこをしたり、繰り返し遊ぶ中でいつの間にか畳む技術も上達していきます。大切なのは自分の扱える素材を使って自分なりにイメージを広げ、「畳む」「巻く」「結ぶ」などの手仕事を主体的に楽しんだり、友だちや先生と応答したり共有したりして表現する楽しさを味わうことです。ぜひ、子どもの発想や自分で畳めた喜びを受け止めるようにしましょう。

遊び方

♪サンドイッチを
　つくりましょう

❶ タオルを広げる。

♪バターをぬって
　はんぶんこ

❷ アイロンをかけるようにのばしてから、タオルを半分の長さに折り畳む。

♪きゅうりをのせて
　はんぶんこ

❸ ❷と同じように、のばしてから半分に折り畳む。

♪ハムをのせて
　はんぶんこ

❹ 同様にのばしてから、縦に半分に折り畳む。

♪たまごをのせて
　はんぶんこ

❺ 最後は三角形になるように折り畳む。

♪おいしいサンドイッチの
　できあがり

❻ 手に持って食べるまねをする。

サンドイッチをつくりましょう!

作詞 / 松家まきこ　作曲 / 山田リイコ

サン　ドイッ　チを　つくり　ましょう　　バターを　ぬって

はん　ぶんこ　きゅうりを　のせて　はん　ぶんこ　　ハームを　のせて

はん　ぶんこ　おいしいサンドイッチの　　できあがり

応用編

色の違うタオルを
重ねると、いろん
な具材のサンド
イッチになります

お菓子の空箱 など

できあがったサンドイッチを
箱につめて「お弁当」にして
もよいですね。

しゅっぱーっ!

お弁当ができたら、
「ピクニックしゅっぱーつ!」
ごっこ遊びを楽しみましょう。

出典:『0歳から楽しめるふわふわタオルあそび』松家まきこ　学研プラス　2019年　pp.34-35

実　践
なりきってあそぼう

1枚のタオルを動物の体の一部や、様々な職業の道具に見立てて遊びます。

ねらい
保育者の言動から想
像をふくらませ友だ
ちとイメージを共有
してながら「なりき
る」ことを楽しむ。

遊び方

クーイズクイズ
タオルのクイズ

パオーンパオーン
だ～れだ?

親しみやすいリズムを口ずさみながら保育者がタ
オルを鼻に見立ててぞうになったり耳に見立てて
うさぎになったりします。

何に変身したのか子どもたちが当て、子どもたち
も保育者と一緒に動物になりきって遊びます。

応用編

「大きくなったら何になりたい？」

と、子どもたちにたずねるといろいろな夢を聞かせてくれることでしょう。

その答えの中には、様々な職業が出てくると思います。1枚のタオルを落語家のせんすの

ように様々な道具に見立てながら憧れの職業の姿に変身してみましょう。

出典：『0歳から楽しめるふわふわタオルあそび』松家まきこ　学研プラス　2019年　pp.48-49

実践
パペットをつくって劇をしましょう

タオル1枚と輪ゴムでいつでもどこでも簡単につくれるパペットです。保育者が歌に合わせてつくるので、パペットが出来上がるまでの過程も楽しめます。子どもたちに「チュッ」と触れたり、子どもの肩にのって腕の滑り台を滑ったり音楽に合わせて踊ったり、語りかけたり、様々な遊びの展開が広がります。

> **ねらい**
> パペットを通して保育者の声に親しみ、受け止めてもらう喜びやかかわり（やりとり）を楽しむ。

遊び方

まずは、「タオルのうさこちゃん」の歌に合わせてつくります。できたうさこちゃんを使って、子どもたちに語りかけたりふれあったり人形劇を楽しんだりしましょう。

> **準備物**
> ・タオル×1枚
> （フェイスタオルくらいの大きさ）
> ・輪ゴム×4本
> ・丸シール×2枚

「タオルのうさこちゃん」づくり

♪ふわふわ　ふわふわ
　タオル

❶ 歌に合わせてタオルを
　揺らす。

♪ふわふわ　ふわふわ
　はんぶんこ

❷ 前側を長くして、
　タオルを2つに折る。

♪ピョンピョコリン
　ピョンピョコリン
　ピョンピョコリン　かわいい
　おみみが　できちゃった

❸ 耳をつくって、絵のように
　輪ゴムを8の字にしてとめる。

♪ピョンピョコリン
　ピョンピョコリン
　ピョンピョコリン　かわいい
　おかおが　できちゃった

❹ 側の長い方のタオルを
　耳のつけ根にかぶせるように折り、顔をつくって
　輪ゴムでとめる。

♪ピョンピョコリン
　ピョンピョコリン
　ピョンピョコリン　かわいい
　おててが　できちゃった

❺ 首の後ろに中指を入れて、
　親指と小指にタオルをかけ、
　それぞれ輪ゴムでとめる。

♪ピョンピョコリン
　ピョンピョコリン
　ピョンピョコリン　かわいい
　うさこちゃん　できあがり

❻ 形を整えて、できあがり。
　*丸シールを貼って目にすると、
　よりかわいらしくなります。

タオルのうさこちゃん

作詞 / 松家まきこ　作曲 / 山田リイコ

ふわ ふわ ふわ ふわ　タ オ ル　　ふわ ふわ ふわ ふわ　はん ぶん こ

ピョン ピョ コ リン　ピョン ピョ コ リン　　ピョン ピョ コ リン　かわいい いい おお みかみお がが
かかわ いい いい おお てて もも

1.2.3.

4.

で きちゃった　　かわいいうさこちゃん　できあがり

　色違いのタオルで2～3体うさこちゃんをつくった後、人形劇で使う「にんじん」をつくります。オレンジのタオルにタオルを2～3枚包んで巻き、緑のタオルを葉っぱにして輪ゴムでとめます。

大きなにんじんづくり

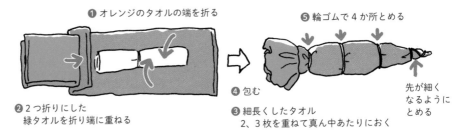

❶ オレンジのタオルの端を折る

❷ 2つ折りにした
緑タオルを折り端に重ねる

❸ 細長くしたタオル
2、3枚を重ねて真中あたりにおく

❹ 包む

❺ 輪ゴムで4か所とめる

先が細くなるようにとめる

　大きなにんじんが出来上がったら、人形劇を演じてみましょう。

人形劇「うさこちゃんの何が抜けるかな？」

　はじめは、ぴんくちゃんが「うんとこしょ、どっこいしょ」。抜けません。

　次は、きいろちゃんが「うんとこしょ、どっこいしょ」。まだ抜けません。

しろちゃんもやってきて、「どっこいしょ」。

みんなで引っ張ると…。大きなにんじんが抜けました！

きいろちゃん

ぴんくちゃん

しろちゃん

出典：『0歳から楽しめるふわふわタオルあそび』松家まきこ　学研プラス　2019年　pp.26-27

応用編

　「こぶた」「たぬき」「きつね」「ねこ」のパペットをつくって子どもが歌いながら演じます。観客席をつくって劇場にしたり、小さい組の子どもたちへ向けた発表会にしたりしてもよいでしょう。

「タオルのうさこちゃん」のつくり方を基本にします

こぶた・たぬき

耳を別々のゴムでとめて、耳の先が丸くなるようにします。色画用紙やタックシールで鼻や頭の模様をつくり、丸シールで目や鼻の穴をつけます。

きつね・ねこ

耳を別々のゴムでとめて、耳の先がとがるようにします。色画用紙やタックシールでつくった目や鼻の穴を貼ります。

出典：『0歳から楽しめるふわふわタオルあそび』松家まきこ　学研プラス　2019年　p.56

　子どもたちは人形を手につけると、自然にお話づくりがはじまります。子どもたちのイメージや、子ども同士のやりとりの中で生まれたお話を劇あそびにするのもよいでしょう。

演習10

タオル人形をつくり、人形をつくった子どもたちへの語りかけ方や遊び方を考えて発表し合いましょう。

Column 9

まねっこが子どもを成長させる！

　「まなぶ（学ぶ）」の語源は「まねぶ（真似ぶ）」にあると言われています。子どもはたくさん真似て、いろんなことを学んでいるのです。さらに今、脳科学の世界では「まねっこ」が注目されています。研究によれば、まねっこごっこを熱心にやる幼児ほど1年から2年後に、言葉を多く使うようになるということがわかってきました[1]。加えて、まねっこに長けた人は感情認識にも長けており、したがって他人に「共感する力」にも恵まれていると言われています。

　この「共感力」を育む鍵は、脳神経細胞「ミラーニューロン」にあることがわかりました。「ミラーニューロン」は他者の行動を見たときにも自分が行動しているかのような反応を示します。相手の心を理解しようとするとき、このミラーニューロンが働き、相手の顔や身振りを「まねっこ」することによって、他人の感じることを感じられるというのです[1]。となると「他人の感じること」を感じられることによって、他人の感情の状態に思いやりをもって対応できるということにもなります。ミラーニューロンは「まねっこ」や身振りを通して言語の進化にもかかわっているだけでなく、他者の痛みを我が身の痛みとして感じる共感の能力にも関係しているというのです。

1) M. イアコボーニ　塩原通緒訳『ミラーニューロンの発見―「物まね細胞」が明かす驚きの脳科学』早川書房　2011年

第 章
5

造形表現

　アメリカの美術科教育専門家のヴィクター・ローウェンフェルド（1903 ～ 1960）は、「子どもの絵には発達段階（順序性）があり、教育や文化の在り方によって絵の発達は異なるものの、その発達の道筋は万国共通である」ことを明らかにしました。

> 1.　擦画期　　　（1 ～ 2 歳）自分の手をこすりつけた痕跡
> 2.　錯画期　　　（1 歳 6 か月～ 3 歳）なぐりがき / スクリブル
> 3.　象徴期　　　（3 ～ 4 歳）考えながら描く
> 4.　カタログ期　（4 ～ 5 歳）様々なものを天地や大小に関係なく並べて描く
> 5.　図式前期　　（5 ～ 6 歳）天地が分かれて描かれ、その間には何もない空間がある
> 6.　図式後期　　（7 歳以上）遠近が表れ、見て描くことで写実的な表現もできるようになってくる

　また、3 ～ 4 歳の象徴期の子どもは、視覚的に見えているものをそのまま再現するのではなく、肉体的な感覚で捉えたものを表現する時期であると述べ、描いたりつくったりしながら感じたり考えたりしたことを表現していく幼児の特性を知る手掛かりを示しました。ローウェンフェルドの発達段階は、心身の発達と密接にかかわっており、それぞれの時期を満喫することで表現が深まっていくと捉え、安易に大人の視点で評価をしたり、形を整えようとしたりすることは、子どもの意欲や発達を阻む危険性があることを指摘しています。子どもがいきいきと表現する姿は、いきいきと生きる姿とも言えます。保育者は、子どもの表現から発達の状況を正しく捉え、発達の道筋や特徴に合わせた環境づくりや言葉がけを行っていくことが大切です。

　「幼児期のおわりまでに育ってほしい姿」の一つ「豊かな感性と表現」では、その具体的な姿として「心を動かす出来事などに触れ感性を働かせる中で、様々な素材の特徴や表現の仕方などに気付き、感じたことや考えたことを自分で表現したり、友達同士で表現する過程を楽しんだりし、表現する喜びを味わい、意欲をもつようになる。」と記しています。つまり、造形表現においても、形づくることを目的とするのではなく、子ども自身が心を動かし、表現したい思いを主体的に実現させていく過程を大切にしています。そのためには、子どもが表現したいと心を動かした瞬間を見逃さずに受け止め、子どものイメージや思いを実現できる素材や技法を知っておく必要があります。ここでは、幼児期の造形表現を支えていくために必要な基礎知識や活動例を紹介していきます。

1 ──素材との出会い　―素材の特性を活かした表現技法を学ぼう―

　ここでは、保育現場で多く使われる素材の特性と活用例を紹介します。素材は「どのような体験を通して何を育みたいか」を考えて選ぶことが大切です。素材の種類と特徴（特性）を知り、子どもたちの豊かな表現を引き出していきましょう。

1　パスとクレヨン

　保育の場で最も頻繁に活用するといってよい素材でしょう。色が豊富で、手軽に使うことができます。それぞれの特徴を知ることで表現の幅が広がります。

・パス（オイルパステル）
　軟質でのびがあり、混色や重ね塗りが得意です。
・クレヨン
　硬質で線描きに向いています。混色や重ね塗りは苦手です。

パスやクレヨンを使った描き方

　描き方には、指でこすったり、重ねたり、削ったりと様々な方法があります。繰り返し色を重ねることによって、仕上がりは油絵のような作品になります。

強く描く
色が鮮明に見えます。紙にのるクレヨンの量が多くなるので、少し立体感が出ます。

寝かせて描く
クレヨンを寝かせて描くことで、広い範囲を均等に塗りつぶすことができます。

擦って描く
指でこすると色をぼかすことができます。ふんわりと優しい雰囲気になります。

色を混ぜて描く
色を混ぜることでグラデーションをつくることができ、色が広がっていきます。

白色を重ねて描く
すでに描かれた色の上に、白を被せると、クリーミーな質感になります。

削って描く
先端を削った割り箸、爪楊枝などでひっかけば、細い線を描くことができます。

スクラッチ
(パスがより活かされる技法)

様々な色のパスで下描きした上に、黒のパスを塗り込みます。その後、先が尖ったもので黒のパスを引っかいて削り取ります。

「なぐり描き焼きそば」

まずパスで麺を描きます。次に液体のりを垂らし、色画用紙でつくったお肉やキャベツ、にんじんをのせて出来上がりです。

はじき絵
(クレヨンがより活かされる技法)

クレヨンで絵をかき、その後に絵の具を塗ります。ロウを含むクレヨンが絵の具をはじく特性を利用しています。

2 絵の具

　手、筆、タンポ、ローラーなど様々な道具を使って、色の美しさや混色の面白さ・不思議さに出会えるとともに、感触そのものの楽しさも味わうことができる素材です。年齢や発達段階にあわせて環境を整え、のびのびと表現を楽しめるようにしましょう。

絵の具の主な種類と特徴

種類	特徴
水彩絵の具	水性絵の具（透明）
ポスターカラー	水性絵の具（不透明）
アクリル絵の具	水性だが乾くと耐水性になる。紙以外の素材にも描ける。（透明・不明）

水彩絵の具「エフ水彩」ぺんてる　　ポスターカラー「ポスターカラーU」ぺんてる　　アクリル絵の具「アクリルガッシュ」ぺんてる

作品紹介

フィンガーペインティング

ビニールを敷いた机の上で絵の具を塗り広げます。手のひら、手指を使って模様を描いたり混色による色の変化や感触を楽しんだりします。

できた模様に画用紙を押し当てて写し取ったものを使って、切り絵を楽しむこともできます。

フィンガーペイントの作品素材を使った「切り絵」

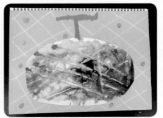

吹き絵

色画用紙の上に絵の具を落とし、ストローで吹いて散らします。絵の具のいろいろな動きや混色を楽しみます。

吹き絵の作品素材を使って、クリスマスツリーやリースの飾りをつくりました。

スタンピング

絵の具を使ってスタンプ（型押し）します。身近にある段ボール紙やブロックなどいろいろなものを型にできます。

デカルコマニー

紙の片側に絵の具をのせ、折り曲げて広げると左右対称の模様ができます。

ローラー

ローラーを使って模様を描きます。色が重なる様子も表現ができます。

3 紙

　切る・ちぎる・折る・丸めるなど加工しやすく、色が豊富です。種類によって風合いや感触も異なり、組み合わせて使うことで表現が広がります。流れ目（縦の目、横の目）があるので、用途（つくりたいもの）・表現したいものによって意識し、使い分けるとよいでしょう。また、折ったり、丸めたり、揉んで柔らかくしたりすることで、様々な表情や立体的な表現を楽しむことができます。

紙の主な種類と特徴

種類	特徴	吸水性	適した活用法・作品例
画用紙	・張りがあり画材ののりがよい。 ・色画用紙は色が豊富。	○	描画、工作など工作全般
色紙 （折り紙）	・色が豊富で発色がよい。 ・正方形でサイズも豊富。 　（丸、長方形も少ないがある）	△	折り紙、切り紙、ちぎり絵など
新聞紙	・軽くて丈夫。 ・可塑性に富む。 ・柔らかい。	◎	ちぎりあそび、丸める、折り紙など
上質紙・模造紙	・薄くしなやかで丈夫。 ・白や淡い色のものが多い。	△	模造紙は描画・工作など大きな作品
和紙	・素材そのものの風合いがある。 ・柔らかく、軽い。	◎	染め紙、ちぎり絵
工作用紙	・硬く張りがある。 ・マス目が印刷されているものも多い。 ・片面に色がついたものもある。	―	工作、立体造形
段ボール紙	・トラスト構造なので丈夫でクッション性がある。 ・片面のボール紙を省いた片ダンボールもある。	―	大型立体造形、キャタピラ・タイヤ、スタンピング型

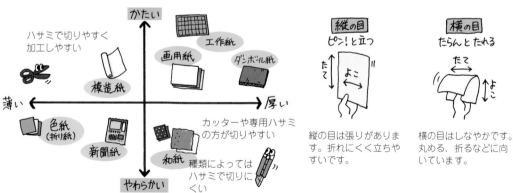

ハサミの切りやすさからみた紙の厚さと硬さ

ハサミで切りやすく加工しやすい

かたい　工作紙　画用紙　ダンボール紙　模造紙　薄い　厚い　色紙（折り紙）　新聞紙　和紙　やわらかい

カッターや専用ハサミの方が切りやすい　種類によってはハサミで切りにくい

紙の流れ目

縦の目　ピン！と立つ　たて　よこ

横の目　たらんとたれる　たて　よこ

縦の目は張りがあります。折れにくく立ちやすいです。

横の目はしなやかです。丸める、折るなどに向いています。

　紙の縦の目、横の目は、手に持ってみるとすぐにわかります。紙は流れ目に沿うと、破りやすく、折りやすいです。

ハサミの扱い方

　幼児用のハサミは安全への配慮から先端の丸いタイプが多いです。子どもが握りやすく扱いやすい大きさや形のものを選ぶようにし、利き手に合わせた配慮も必要です。

　ハサミを扱う場所は保育者の目の届く範囲にし、場所を決めて、安全に使えるように指導しましょう。「ハサミを使うときは必ず座る」「ハサミを持ったまま移動しない」、運ぶときや相手に渡すときは「刃の方を持つ」など、基本的なことをあらかじめ確認しておくことも大切です。

　保管は基本的には保育者がしますが、自分で安全に扱えるようになったら、各自のロッカーで保管して必要に応じて自分で使えるようにするのもよいでしょう。

持ち方

　親指、中指、薬指で持ちます。適切な位置に指があるかどうかを確かめ、正しい持ち方を覚えるようにしましょう。

切り方

　ハサミと切るもの（紙など）が直角になるように持ち、ハサミを大きく開いて、刃の根元で切るようにします。

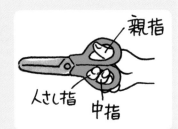

　箱などの立体のものを切る際に穴を開けたいときなどは、保育者と一緒に目打ちを使う、またはあらかじめ開けておきます。切り終わったらキャップをはめて安全に保管しましょう。

作品紹介

折り紙でつくった人形

工作用紙でつくった模型

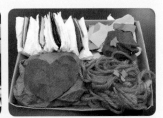

色画用紙でつくったお弁当のチキンライス

ダンボールでつくったゲーム（左）とレジスター（右）

4 粘土

　粘土は感触がよく自由に形づくることができ、子どもにとっても扱いやすい素材です。粘土遊びは子どもたちの手先指先の動きや感覚を育て、想像力や段取りを考える力をつけてくれる遊びです。子どもたちは手で触る→目で見る→頭で考える→手で触るという作業を繰り返す中で動きが変わり、様々な能力を獲得していくことができます。低年齢児ではまず感触やにおい、色を楽しむことから始めましょう。十分に感触を味わうことができると、その後自然と何かをイメージして造形する遊びへ発展していくことでしょう。ちぎる、くっつける、練る、丸める、のばす、道具を使うなど保育者は子どもの段階に応じてヒントを渡して活動に寄り添っていきましょう。できた作品を評価するのではなく、子ども一人一人がどんなイメージを広げ、自分なりに考えたり試したりしながら形づくっていく過程を大切に受け止めながら声をかけていくようにしましょう。粘土は、準備や後片付けも簡単なので日常でも楽しめるように準備しておきたいものです。実際、保育の現場でも多く使われています。小麦粉粘土・米粉粘土はつくる過程も楽しむことができ、口に触れても比較的安全なので、低年齢児や異年齢保育でも取り入れやすい素材です。

粘土の種類と特徴

種類 （適応年齢）	特徴	適した活用法・作品例	保存方法
油粘土 （2歳児）	・重みがあり、滑らかでのびがよく扱いやすい。 ・固まらず、乾かないのでじっくりと造形遊びが楽しめ何度でもつくり直しができる。 ・メーカーによっては独特のにおいがある。	自由制作など	ふたのある容器に入れ、ほこりがつかないように保存。
紙粘土 （3歳児〜）	・軽く滑らかで、油粘土ほどのびはない。 ・水を加えると柔らかくなり、自然乾燥で固まる。 ・缶・瓶・紙箱などの素材にくっつけて組み合わせて使え、着色可能。 ・固まるので限られた時間で仕上げる必要がある。	保存する作品	空気に触れないようラップなどで包んでさらに密封して保存。開封後は早く使い切る。
小麦粉粘土 ※または米粉粘土 （0歳児〜）	・小麦粉（または米粉）、水、食用油でつくることができる。 ・着色する場合は食用色素を使うと安全（食紅・抹茶など）。 ・水の配合や時間経過で柔らかさが変化する。 ・乾燥したら濡れ布巾でしばらく包むと柔らかくなる。 ・小麦アレルギーのある子どもがいる場合は使えない。 ・活動の直前に粘土をつくる準備が必要。	低年齢児保育など	使い切りで処分。衛生面を配慮して活動の直前につくることが望ましい。

粘土遊びの主な技法

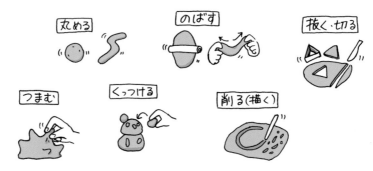

小麦粉（米粉）粘土のつくり方

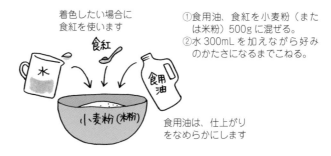

着色したい場合に
食紅を使います

①食用油、食紅を小麦粉（また
　は米粉）500ｇに混ぜる。
②水300mLを加えながら好み
　のかたさになるまでこねる。

食用油は、仕上がり
をなめらかにします

5 　自然物

　葉っぱ、花、どんぐり、松ぼっくりなど自然物は、色や形の美しさや不思議さなど子どもたちに様々な気づきをもたらし、季節感や身のまわりの事象への興味・関心を育んでくれる素材です。それらを表現活動に取り入れることでより興味・関心を高め、表現の幅を広げることができます。

　活動までに時間があるときは新聞紙にはさんでおくなど、保管の仕方に気をつけます。また、採集してそのまま使う場合には作品が変化する様子が見られ、その変化するプロセスの味わいもまた、子どもにとって興味深い活動になります。

自然物の種類と特徴

種類	特徴
葉っぱ、花	・それぞれの季節で楽しめる。 ・朽ちていくまでの変化が速く大きい。 ・活動まで時間がある場合は押し葉、押し花、ドライフラワーにするとある程度保存できる。
どんぐり	・ブナ科のシイやカシなどの木の実。秋に採集しやすい。 ・保存しやすい。 ・保存は冷凍（1週間程度）または、煮沸してから十分に乾燥させる。
松ぼっくり	・松の実。秋以降採集しやすい。 ・保存するときは煮沸してから十分に乾燥させる。

作品紹介

葉っぱや木の枝を使ったリースづくり

クラフト紙を丸めてねじったものをリースの土台に使います。その土台に木の実や枝をボンドで貼り、リースをつくります。仕上げにスプレーニスを吹きかけるとツヤが出て、保存性も高まります。

6 その他

　子どもにとって扱いやすく様々な造形表現や遊びに活用しやすい身近な素材を紹介します。加工がしやすく、安価でまとまった数量が用意できるので、保育の現場で取り入れやすい素材です。子どもたちの遊びのイメージに合わせてタイミングよく使えるように準備しておきましょう。

　廃材を利用する場合にはアレルギーのある子どもへの配慮が必須です。牛乳アレルギーの子どもがいる場合には牛乳パックではなく、「ジュースパック」を利用しましょう。

身近な素材の種類、その活用法・作品例

種類	適した活用法・作品例
紙コップ	紙コップけん玉、紙コップ積み木、紙コップロケットなど
紙皿	紙皿 UFO、紙皿カスタネット、紙皿シアターなど
ビニール袋	色水遊び、ふうせん、凧など
廃材 （牛乳パック・ペットボトル・空き箱、スチロールトレイなど）	自由工作（制作）、楽器づくり、ごっこ遊びの道具など

紙コップでつくる「紙コップシアター」

紙コップシアターは材料も少なく、短時間でつくることができます。保育室にある平らなものの上ならどこででも演じることができ、気軽に日常の中で楽しめるシアターです。机など硬いところを舞台にして、紙コップを打ちつけながら演じると、軽やかな音が出るのも特徴です。音が出ると子どもたちは興味津々。小さな子どもたちから楽しめます。コップの大きさや打ちつける強さで音も変わるのでいろいろ試してみましょう。シアターを楽しんだ後、子どもたちとつくったり、劇あそびへ展開したりと活動への導入にも活用できます。

シアターその1 「紙コップちゃんのかくれんぼ」

紙コップに目と鼻をつけるだけでお友だちの出来上がりです。応用がきくのでいろんなお話で楽しめます。簡単で短いお話からチャレンジしてみましょう。

つくり方

演じ方

シアターその2 「3びきのやぎ」

保育現場で多く親しまれているノルウェーの昔話です。やぎの足音が紙コップの音で表現できます。やぎの大きさやトロルの様子に合わせて音を出して演じましょう。

ぼくたち
やぎだよ

トロル
だぞ〜

つくり方

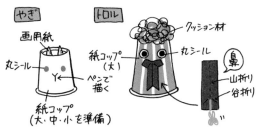

演じ方

① 「あるところに3びきやぎがいました。
山へおいしい草を食べに行こう！
でも山へ行く途中の谷の橋には、こわいトロルが住んでいます。」

② 「はじめに小さいやぎが橋を渡ります。
カタッコトッカタッコトッ橋が鳴りました。」

③ 「次に中くらいのやぎが橋を渡ります。
ガタガタ橋が鳴りました。」

④ 「大きいやぎがガタンッゴトンッと橋をきしませて渡ります。」

「3びきはおいしい草をたっぷり食べることができました。めでたしめでたし。」

演習11

素材を活かした表現技法を使った保育実践の指導案を作成し、模擬保育を実践してみましょう。

2 ──ダイナミックな造形表現を楽しもう

　保育においては、子ども一人一人が自分なりの表現を楽しむ喜びを味わう体験とともに、子ども同士がイメージや考えを出し合い、みんなで表現する過程を楽しむ体験を大切にしたいものです。これらの体験を通して、互いの表現を受け止め合い、一人ではできないダイナミックな表現を楽しんだり、みんなでつくり上げる達成感や喜びを味わうことも集団における保育の醍醐味と言えるでしょう。ここでは、これまでに学んだ知識や技法を活かしつつ、みんなでつくり上げる表現の魅力と実践例を紹介します。

実　践
色と形の抽象的な壁面制作

ねらい
・自分なりに（友だちと相談しながら）折り方や切り方を工夫し、様々な模様ができる面白さや色や形の美しさを感じる。
・みんなの作品の中に自分の作品が位置づく喜びと達成感を味わう。

　保育の現場では擬人化された動物のほか、季節の風物をモチーフとした壁面をよく目にします。一目瞭然の壁面から、「抽象的」な模様にしてみてはどうでしょう。きっと子どもたちの感じる力、想像する力を広げるものになるでしょう。
　まずは、「切り紙」と「染め紙」という手法を理解しましょう。

切り紙

　「切り紙」は、折る・切る・開くという簡単なプロセスで、規則的で美しいカタチ（模様）をつくるものです。折り方と切り方によって、開いたときに様々な形をつくり出すことができ、偶発的な形状を楽しむことができます。

つくり方

❶ 下記の方法で紙を折ります。

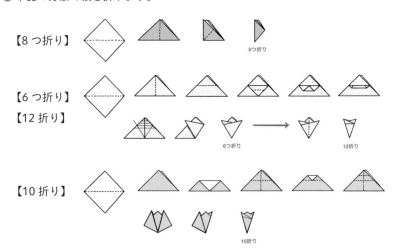

【8つ折り】

8つ折り

【6つ折り】
【12折り】

6つ折り　　　12折り

【10折り】

10折り

❷ 切り込みを入れて開きます。

【6つ折り】【8つ折り】【12つ折り】【10つ折り】

切り込みを入れて、広げてみると…

10折りは、桜の花や星の形をつくることができます。

紙と台紙の色を変えてみると、よりはっきりと模様を楽しめます。

染め紙

「染め紙」は、紙を繰り返し折り、絵の具を染み込ませることで、開いたときに規則的な模様ができるといったものです。

> 材料・道具
> ・障子紙（または半紙）　・絵の具（水彩絵の具・ポスターカラー）　・容器

つくり方

❶ 容器に水を入れ、絵の具をときます。

❷ 紙を小さく折りたたみ、紙の角を絵の具に浸します。

❸ すべての角に色を浸したら、紙を丁寧に広げます。

❹ 新聞紙の上に置くか、干して乾かします。

色の並べ方は、グラデーションになるようにします。隣同士の色が混ざっても、濁りが少ないように置きます。

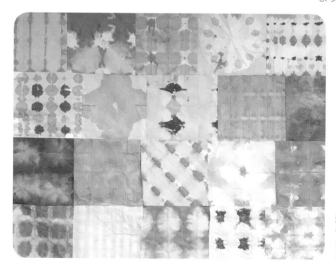

規則的な模様が並びます。それぞれをつなぎ合わせるとさらに楽しい模様が出来上がるでしょう。

切り紙×染め紙

これらの手法を組み合わせてみましょう。

切り紙で形を遊んで、染め紙で色の広がりを楽しむことができます。

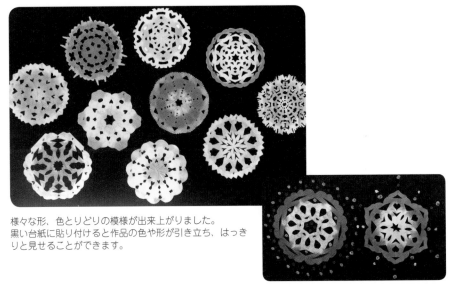

様々な形、色とりどりの模様が出来上がりました。
黒い台紙に貼り付けると作品の色や形が引き立ち、はっきりと見せることができます。

貼り付けた台紙に模様を描いてみると、作品の広がりが楽しめますね。

それでは、「切り紙」と「染め紙」の手法を理解したら、壁面制作に取り組みましょう。

使う素材―障子紙

障子紙には種類がいくつかあります。パルプの割合が高いほど強度が弱いため、レーヨンや化学繊維を配合して強度を高めているものもあります。手漉き和紙の障子紙は強度もあり独特の風合いを楽しめることから高価です。壁面制作では、安価で吸水性が高いパルプ障子紙を使用します。

材料・道具	
・障子紙（130cm、90cm、70cm、45cm）	・スプレーのり
・絵の具（ポスターカラー）	・板ダンボール　または　塩ビ板
・トレー（A4サイズ）	・アイロン
・ハサミ	・カッター

「切り紙」と「染め紙」を応用し、壁面制作を実践しましょう。

つくり方

STEP1　正方形の障子紙を用意して折ります。

STEP2　ハサミで切り込みを入れます。

STEP3　絵の具で染めます。

STEP4　新聞紙やダンボールの上で乾かし、アイロンでしわをのばします。

STEP5　補強のため薄い板ダンボールや塩ビ版に貼り、形に沿ってくり抜きます。

    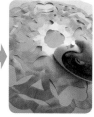

出来上がったら、風などの影響をうけない壁面を選んで取り付けましょう。

「色」から感じる温度やにおい。「形」を通して想像する物や景色。色や形を通して感じる感覚を大切にしたいものですね。

切り込みに沿って絵の具を染み込ませていくと、開いたときに模様の広がりが楽しめます。

カラービニール袋で巨大バルーンをつくろう

ねらい
・みんなで力を合わせて1つのモノをつくり上げ感動を共有し協調性を育む。
・カラービニール袋の色が重なりあう美しさを体感し色彩感覚を養う。

「巨大バルーン」遊びは、一堂に会して一体感を味わい楽しめる遊びです。ビニールの特性を活かした遊びを通して空気の存在を知ることができます。

使う素材ービニール袋の特徴

　ビニール袋には、形や大きさ、厚みの違いがあります。ツルツルしたものや、シャカシャカしたものなど質感も様々です。耐久性に優れているため、引っ張っても比較的丈夫です。耐水性なので、濡らすことや水を入れることもできます。

材料・道具	
・カラービニール袋　赤・青・黄・緑・紫・桃・橙・水色・黄緑・白　（45L／厚さ0.03mm〜0.045mm）	・OPPテープ　・ハサミ　・扇風機＋延長コード

つくり方と遊び方

STEP1

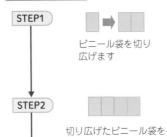

ビニール袋を切り広げます

ビニール袋の長辺（片方）と底辺にハサミを入れ、切り広げます。

STEP2

切り広げたビニール袋をつなぎ合わせます

切り広げたビニール袋を2枚つなげます（同色が並ばないようにします）。

STEP3

同じ色が隣り合わないよう、つなぎ合わせていきます

ビニール袋を4枚つなげます。
揺らして川に見立てくぐって遊びましょう。

ゆらゆら〜
ゆらゆら〜

STEP4
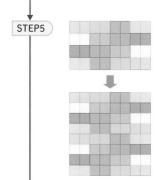

ビニール袋のつながりを縦に大きくしていきます。

STEP5
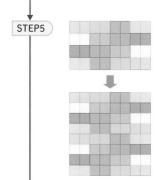

ビニール袋をさらにつなげていきます。
十分な大きさになったらエアドリームで遊びましょう。

STEP6

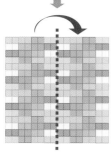

大きくなったら折り畳んで袋状にします

その後もつなげていき、大きくなったら折りたたんで袋状にします。
袋状にしたら、扇風機で空気を入れて膨らませ、中に入ってみましょう。

STEP7 中に入る遊びが終わったら、バルーンにして屋外で遊びましょう。

応用して、「虹色のクジラ」をつくってみたよ！

大型ダンボールを用いたあそびの基地づくり

ねらい
・制作過程の中でイメージや考えを伝え合い、試行錯誤しながら、力を合わせることによって問題を解決し、ともにつくり上げていく喜びや達成感を味わう。

子どもは基地が大好きです。秘密基地として敵から逃れるために身を隠したり、お家に見立てておままごとを楽しんだりする子どももいるでしょう。ここでは、しっかりとした構造で組み立てる方法を学び、子どもたちが全身を使って思いっきり遊べる基地（遊び場）をつくってみましょう。

使う素材—ダンボール

軽量でありながら強度があるダンボールは、波状にした紙に平らな紙を貼るサンドイッチ構造になっています。波状の細かさや、厚みによって強度も変容していきます。また、ダンボールには目方向があり「流れ」と呼ばれる方向が、折りやすく（重さに弱い）、反対に「幅」と呼ばれる方向が、折りづらく（重さに強い）なっています。用途によって、ダンボールの方向を使い分けましょう。

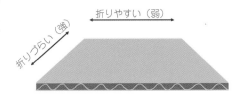

片面ダンボール
両面ダンボール
複両面ダンボール
複々両面ダンボール

折りやすい（弱）
折りづらい（強）

ダンボール制作に用いる道具
・カッターナイフ：直線に切る。
・ダンボールカッター：穴を空ける、カーブを切る。
・タッカー（大型ホッチキス）：針で固定する工具。
・布ガムテープ：接着する。ホッチキスの針やダンボールの断面の保護。
・チョーク：下書きに使用する。布で消すことができる。
・定規：計る・切る。ダンボールを折る。
・木材：ダンボールカッターでの裁断時、下に空間をつくるために使用。
・カッターマット：カッターナイフを使用する際に床が傷つかないように保護。

ダンボールカッターの扱い方

　幼児用のダンボールカッターは刃先が丸く、ギザギザとした
のこぎり状の刃がついています。子どもが握りやすい形を選び
ましょう。扱い方を覚えれば、ダンボール板を使ったダイナミッ
クな造形表現を楽しむことができます。使い終わったら必ず
キャップを閉める」などのルールを決めて、安全に使えるように
配慮しましょう。

義春刃物
ダンボール・発砲ス
チロールカッター

持ち方

・持ち手をしっかりと握ります。

・キャップを抜く際は、刃先の方向に人がいないか確認しましょう。

切り方

・切りたい部分にあらかじめ線を引いて目印をつけておきます。

・切りたいもの（ダンボール板（箱）やスチロール板（箱））を固定します。利き手と
　反対の手でおさえるか、保育者やほかの幼児が補助しておさえるようにします。この
　とき刃先の方向に手などを置かないように気をつけましょう。

・目印の一部に刃先を差し込み、穴を開けてから刃先を前後に動かして切り進みます。

・切り終わったらキャップをはめて安全に保管しましょう。

つくり方

STEP1　アイデアスケッチ

　子どもたちが興味・関心をもって
いるものについて話し合います。自
分の中にある遊び心を掘り起こし、
仲間と共有しながらアイデアを練っ
てスケッチしていきます。

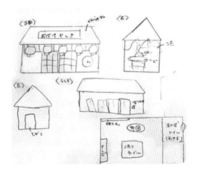

STEP2　マケット（模型）づくり

　アイデアをどのような構造で組み
立てるのかを確認するためのマケッ
トづくりです。再検討が必要な箇所
を発見するとともにつくり方の共通
認識を図ります。

STEP3 基本構造の組み立て

　平板のダンボールを加工して立体的に組み立てます。子どもたちが遊ぶために安全面への配慮が必要です。構造の強度や危険がないかを以下の項目を確認します。

・ホッチキスの芯をガムテープで保護する。
・四隅は構造の柱となるため、加工を避ける。
・壁面の高さによって死角となる空間がないように壁面を加工する。
・窓をつくる場合、子どもの頭の出し入れを考え、適切なサイズと位置に穴を空ける。

ダンボールの強化構造のポイント

丸い形の椅子
外側の形をつくり、その中に三角形にしたダンボールを敷き詰めていきます。

傾斜のあるもの
断面図の形を側面・正面と何枚かつくり、それらを組み合わせます。隙間に新聞紙を詰めることで強度が増します。

STEP4 塗装

　ポスターカラーでダンボールを塗装します。水分が多いとダンボールがゆがむので塗装は、最小限に抑え、ダンボールの地の色を活かし塗る工夫をしていきましょう。

演習12

大きな作品をみんなでつくり上げる際のポイントはどのようなことでしょうか？
「題材」「環境」「流れ」「援助」の観点から考え、述べてみましょう。

3 ──児童文化財のバリエーションと活用

　児童文化財というとどのようなものを想像するでしょうか。保育用語辞典によると児童文化財とは「子どもの健全な心身の発達に深いかかわりをもつ、有形無形のもの、技術、活動などの総称。大人が子どもの為に用意した文化財や、子どもが自分の生活をより楽しくするために作り出した文化財がある。広義には、子どもの生活における文化事象全般。一般にはより狭義に、遊び、お話、玩具、図書、紙芝居、人形劇、音楽、映画、テレビ、ビデオなどを指す。」[1] とされています。児童文化財というと、敷居が高いと感じてしまいますが、非常に身近なものであることがわかります。現代の子どもたちは DVD や YouTube などを利用し、より様々なものに触れていることが考えられます。時代とともに児童文化財と呼ばれる内容も変化していくのでしょう。

1 　児童文化財を活用する際に必要なこと

　児童文化財には絵の美しさ、言葉のリズムの楽しさ、面白さなど子どもが心を動かす要素がたくさん詰まっています。子どもたちに豊かな体験を提供するためには保育者は入念な準備をすることが必要となります。

①ねらいをもつこと

　児童文化財を活用した活動を行う際のねらいを考えましょう。何となく…ではなく、なぜこの文化財を選んだのか、その文化財を通して子どもたちに何を伝えたいのか、どのような体験をしてほしいのかを具体的に考え、明確にしていきましょう。

②時期や年齢を考えること

　季節や年中行事などに合わせて、ふさわしい題材を選びましょう。子どもたちは季節感や行事などを遊びや生活の中で感じていきます。また、年齢によっても子どもの興味・関心は変わってきますので、子どもの実態に合った内容を考えて選ぶようにしましょう。

③準備を行うこと

　準備に手間取ったり、活動中に進め方がわからなくなってしまったりしないよう、あらかじめ下読みをし、ストーリーや展開を理解し、どの場面はどのように読むのか、演じるかを考えておくようにしましょう。また、活動にかかる時間を把握しておくことも大切です。

④振り返りを行うこと

　活動の後には必ず振り返りを行い、子どもたちの反応、次に改善すべき点など記録しておくようにしましょう。その積み重ねが保育者自身の財産となります。

下記のようなリストを使ってその都度記録し、次の実践に活かせるようにしましょう。

児童文化財リストの例

使用した児童文化財			
種類	絵本	タイトル	くれよんのくろくん
作者	なかや　みわ　作・絵	出版社	童心社
対象年齢	3 歳		
実施内容			
実施活動時期	4 歳　11 月		
クラス	ももぐみ（4 歳児）		
ねらい	・様々な色に親しみをもち、特徴や面白さを知る。 ・色の活かし方を知り、登場人物（クレヨン）の気持ちに気づいたり共感したりする。		
子どもの反応	・スクラッチに興味が向き「やってみたい」との声が多くあがった。 ・花火のページでは大きな歓声があがった。 ・「私は〇〇色が好き」など色の話が出た。		
感想・反省	・色に対する興味は広がり、特に「黒」を使いたい‼　という声があがったが「人」にまでつなげるのは難しかった。 ・何か別の機会に一人一人の良さに気づくような話をし、そのときにくろくんの話も出してみたいと思う。		
その他	・園の図書室から借りた。子どもたちも借りられるのでしばらくは取り合いになりそう。		

（吹き出し）その文化財を選んだねらい　子どもたちに伝えたいこと、感じてほしいこと

（吹き出し）子どもたちはどのような反応を示したか

（吹き出し）自分はどのように感じたか、次回はどのように活用するかなど

（吹き出し）市の図書館から借りたなど、どこにあるものかなど記録しておく　その他自由に活用する

※絵本、紙芝居など文化財別にまとめておくとわかりやすいですね。

2　児童文化財の種類とその活用のしかた

　児童文化財を活用することで、子どもたちの視覚や聴覚などの諸感覚が刺激されます。その刺激は子どもの興味・関心を引き出し、遊びへと発展していきます。また、保育者や子どもたちの表現の幅を広げることも期待できます。児童文化財の活用は子どもにとって楽しみであり、安らぎのときであり、遊びを発展させることにもつながる大切な時間なのです。

　児童文化財の中から保育の現場でよく使用する絵本（大型絵本）、紙芝居（大型紙芝居）、ペープサート、パネルシアター、ストーリーテリングについて学び、手づくり教材の魅力にも触れていきます。それらを保育現場でどのように活用できるか考えましょう。

1 絵本

絵本は大人が読み聞かせることにより、絵やストーリーから子どもが追体験したり、想像力を働かせたりすることができます。アニメーションとは違い、自分のペースでページをめくり、時には戻って時間を巻き戻すこともできるのです。文字には表されていなくても、絵や行間から読み取れることもあります。保育現場で最も使用されている児童文化財と言えるでしょう。しかし、本来は個人向けの文化財です。子どもが膝に乗せてもらい、絵本を読み聞かせしてもらうとき、その大人の体も心も独占できる時間となるのです。集団の保育の現場ではその点を考慮して絵本選びをしましょう。絵本に対象年齢が示されていることもありますが、それだけにとらわれず、子どもの実態（興味・関心や発達状況など）に合った絵本を選ぶことが大切です。

読み聞かせの基本

絵本の選び方

年齢や時期にふさわしいことはもちろん、子どもの人数に対して絵本のサイズはどうでしょうか。後ろの子どもまで絵が見えますか？　子どもは椅子に座るのか、床に座るのかなど読み聞かせの環境を考えてみましょう。

下読み

絵本には綴じ癖がついています。真ん中あたりのページを開き、手のひらで綴じ代をしっかり開きましょう。同時にストーリーの確認、読み方の練習のため実際に子どもたちに読み聞かせるように声に出して下読みします。ゆっくりめくるページ、素早くめくるページなど、工夫すべき場所が見つかるかもしれません。

読み方

読み聞かせを行う場所は決まりましたか？　保育者の後ろ（絵本のバック）は何も貼っていない壁であることが理想です。後ろが窓や掲示物があると子どもの目線や気持ちはそちらに動いてしまいます。

絵本は身体の横に持ちます。片手で下中央の綴じ部分を押さえます。親指を背表紙にあて、ほか４本の指で絵本を支え、反対の手でページをめくります。絵が隠れないように下の端に指を添えておきます。保育者が立って読むのか座って読むのかで、絵本の高さは変わってきます。子どもにとって見やすい位置を工夫しましょう。

保育者の後ろには窓や掲示物がないようにしましょう

絵本の綴じ部分をおさえます

② 大型絵本

　　　大型絵本とはその名の通り大きな絵本です。中には1メートルを超えるものもあります。大きな絵本が出てきただけで子どもたちはワクワクし大喜びします。人数が多いときやお楽しみの時間などに活用するとよいでしょう。

読み聞かせの基本

選び方

　対象の人数を確認しましょう。少ない人数のときは普通の絵本が適していることもあります。大型になっていることでどのようなメリットがあるでしょうか。「絵の細かい部分をしっかり見せたい」「絵の大きさや長さの面白さを強調したい」など大型絵本ならではのよさを感じられる作品を選びましょう。

準備・下読み

　普通のサイズの絵本と同じように下読みは大切です。それに加え、大型絵本の場合、ほかにも準備があります。絵本を載せる台や机はありますか？　台や机は開いた大型絵本がしっかり載るサイズのものにします。ほかにも、大型絵本を一人で読み聞かせるのは困難なので絵本を支えてページをめくる人が必要です。2人で息を合わせられるよう練習をしておきましょう。

読み方

　大型絵本は光沢紙の場合が多いため、光の加減で見えにくくなることがあります。どの角度からでも見えるか確認しましょう。

　絵本を支える人は絵本の後ろ、めくるページ側に立ちます。可能であれば姿勢を低くし、子どもの目線が向かないようにします。読み手は絵本の横、反対側に立ちます。型絵本には参加型のものも多いので、子どもの反応をどのように待つのか、そのまま読み進めるのか考えて読みましょう。

2人で息を合わせて行います

絵本を支える人はページをめくる側

読み手

絵本を載せる台

③ 紙芝居

　　　紙芝居は日本古来の児童文化財です。紙芝居用の舞台に8枚から16枚の絵を入れ、順番に引き抜きながら、脚本に沿って演じます。

　　紙芝居には大きく参加型と物語型の2種類があります。参加型は子どもたちが声を出し「がんばれがんばれ」と応援したり一斉に手を叩いたりすることで一体感を感じることができます。物語型は昔話のように話の展開を楽しむものです。

演じ方の基本

選び方

紙芝居は作品により枚数が異なります。脚本の言葉数も違ってきますので枚数、要する時間などが年齢や発達に適しているか考えましょう。低年齢児は参加型のものから読み始めて紙芝居の面白さを伝え、ストーリー展開の楽しさを感じられる年齢になったら物語のものを取り入れていくとよいでしょう。季節や行事に合ったもの、物語のシリーズなどがあります。絵本同様、図書館などで貸し出しも行っていますので探してみましょう。

準備・下読み

紙芝居はすべての枚数がそろっているか、順番は整っているかを確認する必要があります。紙芝居の裏面の脚本には「このラインで一度止める」「素早く抜く」など演じ方のポイントが記載されていることもあります。絵本に比べて演じる要素が強くなるため、声を出し紙芝居を抜くタイミングと合わせながら練習することが大切です。絵本同様、読み聞かせする場所の背景を確認しましょう。できれば紙芝居用の舞台を使用します。

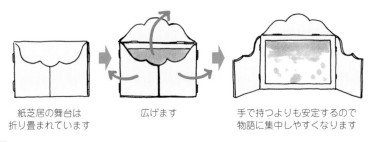

紙芝居の舞台は
折り畳まれています

広げます

手で持つよりも安定するので
物語に集中しやすくなります

演じ方

参加型の紙芝居は、舞台の斜め前に立ち観客の子どもたちに声をかけながら演じていきます。反応を見ながらペースや抜くタイミングを変化させるなど、観客と一緒につくり上げていく感覚です。物語型の作品は舞台の後ろに立ち、子どもたちの目線は紙芝居に向くようにしましょう。

背景には窓や掲示物がないようにしましょう

演じ手の立ち位置
参加型…舞台斜め前
物語型…舞台の後ろ

④ 大型紙芝居

大型紙芝居は 60cm × 40cm 程の大きいサイズの紙芝居です。大型絵本同様、人数の多いときやお楽しみの一つとして活用できるでしょう。内容は通常の紙芝居を大きいサイズにしたものがほとんどです。

読み聞かせの基本

選び方

　大型絵本と同様、見せる人数によっては通常の紙芝居が適していることもあります。参加型、物語型など子どもの年齢や人数、時期や行事などを考えて内容を選びましょう。

準備・下読み

　大型紙芝居用の舞台の用意があるとよいですが、無い場合にはどの場所でどのように演じるのかを考えましょう。一人ですべて行うのは難しいので役割分担や準備物をきちんと考えておくことが必要です。

演じ手

紙芝居の大きさによっては、演じ手のほかにも担当を配置します

　通常の紙芝居より画面が大きいため、絵を抜きながら字を読むという感覚では難しいでしょう。物語や展開を暗記するくらいにしておくと子どもたちの反応を見ながら、保育者自身も楽しく演じることができます。

読み方

　基本的には紙芝居と同様です。下読みをする中で、大型紙芝居ならではの気をつける点が見えてくるでしょう。

5 ペープサート

　ペープサートは紙で作った人形［paper puppet theater］です。2枚の紙の間に棒を挟み込み、表裏で違う絵を表現できる人形劇の一種です。物語を演じることもできれば、ちょっとした時間の遊びや活動の導入にも使用することができます。絵本や紙芝居では集中して見られない赤ちゃんが、ペープサートの動く人形では最後まで集中して見ていた、ということもあります。それだけ子どもにとって「動く」ということは魅力的なのですね。

ペープサートの特徴「転画の返し」

表と裏で違う絵なので、くるりと返すと動きがあるように表現できます

演じ方の基本

選び方

　市販されている作品には有名な物語や歌を題材にしたものが多くあります。それらを活用することもできますし、保育現場では保育者が数名で誕生会などの行事で見せるペープサートを作成することもあります。また保育者が視覚的に伝えたいことを絵にして見せることも可能です。演じる場面、子どもの人数、年齢、季節などを考えて題材を決めましょう。

準備（つくり方）

　ペープサートは絵人形のサイズや色合い
を考えてつくりましょう。広い場所で大人
数に見せるときは、よく見えるようにはっ
きりした色で縁取りをします。絵は平棒に
しっかり留めて抜け落ちることがないよう
にします。

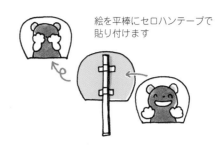

絵を平棒にセロハンテープで
貼り付けます

　演じる場面によって行う準備は変わって
きます。大人数の前で物語などを演じると
きは舞台を用意します。

水色の部分に糊をつけて2枚を
貼り合わせます

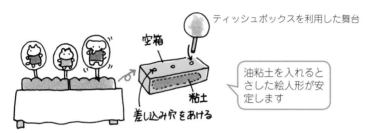

ティッシュボックスを利用した舞台

空箱

油粘土を入れると
さした絵人形が安
定します

粘土

差し込み穴をあける

演じ方

　大きな舞台で演じるときは基本的に演じ手の顔は見せません。バーや鉄棒に黒い布
をかけてその後ろに隠れて演じる、牛乳パックやダンボールなどで舞台をつくり、そ
れを机の上に置いて演じるなどいくつか方法があります。保育者がペープサートを手
に持ち、表情を見せ、語りながら演じることもできます。

6 パネルシアター

　　　パネルシアターはPペーパー（三菱MBSテック）と呼ばれる不織布に
描いた絵人形を、パネル布を貼ったパネル板の上で動かして演じるものです。絵
が貼りつく不思議さに加え、パネル板の上に絵を貼ったりはずしたり、仕掛けを
動かしたりする面白さがあり、演者は子どもたちとの応答（コミュニケーショ
ン）を楽しみながら進めていきます。また、黒いパネル板に蛍光絵の具を使用し
た絵を貼り、ブラックライトで照らすブラックパネルシアターもあり、夜空など
の幻想的な世界を表現するのに適しています。

演じ方の基本

選び方

　動物の絵人形が増えたり減ったり、その場面で見せたいものだけを強調できたり、
とパネルシアターの特性を活かした作品が多くあります。歌に合わせて演じるもの、
絵本や紙芝居で親しまれているお話をパネルシアターにアレンジしたもの、みんなで

声を出してお話を盛り上げるものなどもあるので、演じる場面、人数などに合わせて選びましょう。また演じる際は、子どもの表情を見て、応答を楽しみながら進めていくようにしましょう。ブラックライトシアターも季節行事や特別な雰囲気を演出したいときに活用すると効果的です。

準備（つくり方）

パネルシアターを演じるにはパネル板と絵人形が必要です。

絵人形は、①下絵にPペーパーを重ねて写す、②色を塗る（絵の具やポスカなど）、③アウトラインを縁取る（油性ペン）、④切る、⑤仕掛けをつくる、という方法で制作することができます。

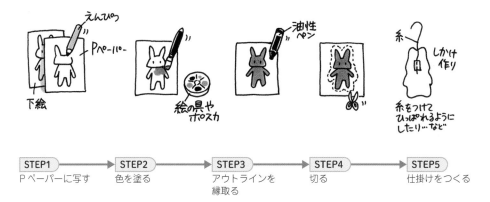

STEP1	STEP2	STEP3	STEP4	STEP5
Pペーパーに写す	色を塗る	アウトラインを縁取る	切る	仕掛けをつくる

パネルボードは、園などに用意されていることも多いでしょう。パネル布とダンボールや発泡スチロールなどを利用して自作することもできます。

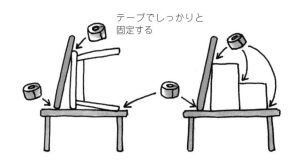

図のように机や大型積み木を利用して舞台をつくることもできます。その際は、パネル板を少し傾けてテープでしっかりと固定しましょう。

また、パネルシアターは保育者が自分で絵を出し入れし、語りも行います。仕掛けがある場合もあるので十分な練習が必要です。ほかの人とお互いに演じ、どのように見えるのか配慮することも大切です。ブラックライトシアターは暗くできる場所であること、演じる保育者も黒など、ブラックライトで光らない色の服を着用するようにし、絵に目線がいくようにします。

演じ方

　パネル板に絵人形を出し入れしながら演じます。語りや歌と絵人形の出し入れのタイミングがそろうようにします。子どもたちと一緒に歌いながら、質問しながらお話を進めていくのも楽しいですね。

7 ストーリーテリング・素話

　　ストーリーテリング（素話とも言います）は視覚物を使用せずに語り手が子どもたちにお話を演じるものです。絵本や紙芝居、昔話などを題材にすることができます。視覚物がない分、子どもたちは自分の世界の中で物語を広げることができます。イメージするものが一人ずつ違うということですね。

演じ方の基本

選び方

　視覚物がないため、語り手の「語り」のみでストーリーや背景も伝えなくてはなりません。子どもたちの聞く力とのバランスを考え、お話の長さ、季節感など考える必要があります。保育者が覚えて演じるので、物語が入りやすいよう、最初は自分の好きなお話を選ぶとよいでしょう。「覚える」といってもただ暗記をしてそれを子どもたちに話すということだけではありません。お話の後ろにある背景まで語り手が理解し、演じることが大切です。お話集も出版されているのでそれを活用するのもよいですが、まずはじめは、昔話などのよく知られているお話や長くなく子どもがわかりやすい言葉を使ったお話を選ぶようにしましょう。

準備・演じ方

　お話を自分のものにすることが大切です。何度も読み込み、そのときの感情や背景などが伝わるにはどのように語ればよいのか、考えて練習しましょう。台本をつくるとよいですね。演じ方は子どもの人数や状況、場所により変化します。立って話すのか、座って話すのか、子どもはどのような環境で聞くのか、時間帯はどうか、子どもはどのような状態か(集中して話を聞けるタイミングなのかなど)考えて準備しましょう。

3　児童文化財をつくってみよう

　児童文化財は市販されているものがたくさんあります。長年親しまれてきたベストセラーなどは保育者として知っておきましょう。一方で、保育者が手づくりすることもできます。クラスの子どもの様子に即し、アレンジを加えるなど、好きなように制作することができるのです。

　ここでは絵本、ペープサート、パネルシアターの一例を紹介します。ほかにも様々なアレンジができますので工夫してみましょう。

画用紙で　手づくり絵本

画用紙を使うと自分の好きなページ数やサイズで制作することができます。色も様々にオリジナルでつくりやすいですね。ひもや花紙、折り紙など様々な素材を使用して仕掛けのある絵本をつくることもできます。

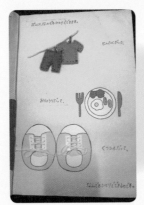

絵本の表紙です。上部の「星」は、スピン（しおりひも）のように細工されています。これは別のページの仕掛けにもなります。

洋服にはフエルト、靴ひもには実際のひもを使用しています。触って素材の質感を楽しむことや、実際にひもを結ぶことができます。

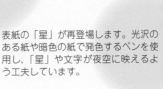

表紙の「星」が再登場します。光沢のある紙や暗色の紙で発色するペンを使用し、「星」や文字が夜空に映えるよう工夫しています。

布で

歌や手遊びを題材にして制作することができます。様々な素材を使って絵本の中でひもを結んだり、ボタンをかけたり、マジックテープで付け外しをしたりして遊ぶ仕掛けをつくることもできます。

ボタンを掛けはめるとお花や動物の顔になるなどの仕掛けがしてあります。楽しみながらボタン掛けの練習ができそうですね。

マスクのサイズや大きさ、形をそれぞれの動物に合うように工夫しています。「次の動物はどんなマスクをしているんだろう？」とページをめくる前からワクワクしますね。

市販品を活用して

表紙では小さな芽が描かれています。物語の展開部です。少しずつ、小さな芽が大きく成長していきます。最後には絵本自体が大きくなるほど成長しました。画用紙を継ぎ足して大きくなった様子を描いています。

　白い画用紙を束ねて絵本のように製本したものも市販されていますので、それに自分の好きな絵や物語を描いて創作絵本をつくるのもよいでしょう。白い絵本の使い方は自由です。様々な画材で描けるほか、折り紙や包装紙を切り貼りしたり、切込みを入れたり画用紙を継ぎ足したりして仕掛けをつくったりすることもできます。

ペープサートで歌あそび

　『ふうせん』（作詞／湯浅とんぼ、作曲／中川ひろたか）に合わせて制作しています。野菜シリーズ、行事シリーズ、お寿司シリーズなど、子どもの好きな物、保育者の好きな物などいくつでもつくることができます。季節によって様々なパターンをつくっておくのもよいですね。

あかいだるまになった！

きいろいねこになった！

ふうせん

作詞／湯浅とんぼ　作曲／中川ひろたか

1. きいろいふうせん　ルルルー　そっとかぜにあげたらー　フフ
2. あかいふうせん　ルルルー　そっとかぜにあげたらー　フフ

ワフワワー　フワフワー　きいろいちょうちょになった
ワフワワー　フワフワー　あかいとんぼになった

パネルシアターを活用したシルエットクイズ

　低年齢から使用できる動物のシルエットクイズです。年齢によっては動物の好きな食べ物も準備して、ヒントとして先に見せるのも楽しいですね。いくつもつくり足すことができ、ほかのお話にも活用できそうなところもよいですね。

十亀敏枝『すてきなカードデザイン集』民衆社　2006年をもとに作成

ポケットの仕掛けをつくって「なんでもボックス」

　ポケット型になった「なんでもボックス」の中にいろいろな絵人形を入れて遊びます。中に入っている絵人形を当てるクイズにして、子どもとのやりとりを楽しむこともよいでしょう。出てきた絵人形を使って自己紹介や手遊び、歌遊びへの展開にもつなげることができます。

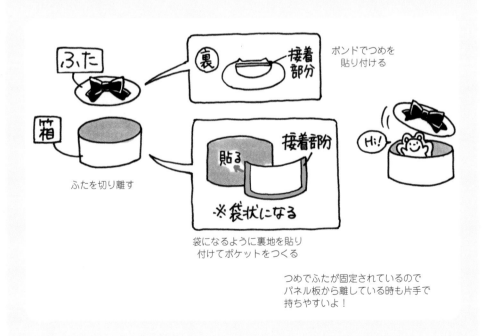

実 践
「折り込み型絵芝居」『おおきなかぶ★』をつくりましょう

★絵本『おおきなかぶ』
A・トルストイ作
（内田 莉莎子訳）佐藤
忠良画 福音館書店
1966年

次々にあらわれる絵や表と裏の変改を楽しみながら演じることができる「折り込み型絵芝居」は保育の中で取り入れやすい教材の一つです。

ここでは手軽につくれるように、資料を活用します。資料はA3用紙に拡大コピーして使います。色を塗り、折り目に沿って折ってつくります。図中の番号は、場面を展開していく順番をあらわしています。

準備物

・折り込み型絵芝居の資料

資料は、ここからダウンロードしよう

STEP1　コピーして色を塗る

STEP2　折り目の線が外側になるように半分に折る

STEP3　折り目の線が外側になるよう、6つ目の場面から順に折り込む

オリジナルの作品づくりの際には、次の留意点を踏まえるとよいでしょう。

・四つ切の画用紙を縦半分に切ったものに描くとよいでしょう。

・演じやすいように裏と表の絵を天地逆さまに描きます。

・遠くからも見やすいように、アウトラインは黒の油性フェルトペンでしっかりと描きます。

・折り込み方（巻き込み、じゃばらなど）は作品によって工夫するとよいでしょう。クイズや歌、生活指導の教材など幅広い作品へと展開できます。

・画用紙の使い方は、作品の内容によって横向きに使用してもよいでしょう。

うんとこしょ
どっこいしょ

かぶを引っ張るときに絵を左右に揺らすと楽しいですが、あまり激しく速く動かすと絵が見えにくくなってしまうので気をつけます

演習13

自分のつくった具体的な作品を通してどのような保育を展開したいか、具体的な案をまとめてみましょう。
例）遊べる壁面づくり、お店屋さんごっこ、展覧会など

引用文献
1）森上史郎・柏女霊峰編『保育用語辞典　第8版』ミネルヴァ書房　2015年

4 ──表現の広がり・衣装づくり

子どもたちの表現活動において、衣装や小道具にはどんな役割があるのでしょうか。行事の衣装づくりは、単に見栄えをよくするためのものではなく、子どもたちの表現を引き出し、広げる大切な環境の一つです。ここでは、具体的な事例をもとに、子どもたちにとっての衣装や小道具の役割を知り、具体的な種類とつくり方について学んでいきましょう。

1 子どもたちの表現活動における衣装の役割

ある日の保育、ハンカチを準備して「じゃーん、今日はみんなでキツネさんになって遊ぼうと思ってしっぽを持ってきました！」と言うと、子どもたちの目は一斉にきらきら輝きだしました。「キツネさん!?　なるなる！」「僕はオオカミになる！　それオオカミのしっぽみたいだもん」「せんせい、それどうやってしっぽにするの？」「早くやろうよ！」子どもたちはやる気満々、ニコニコ楽しそう。ちょっとした衣装が子どもたちのイメージを広げ、意欲や期待を高めてくれたのです。

表現活動において、衣装は子どもたちが表現する楽しさを知るきっかけをつくってくれる頼もしい助っ人です。大人の私たちがアクセサリーや洋服を身につけたり、メイクをすることで気持ちを高めたり、切り替えたりするように、子どもたちも衣装を身にまとうことで、イメージが明確になり、表現することがより楽しくなったり、のびのびと役になりきったりするなど、表現することへの意欲が高まります。また、言葉では伝わりにくいイメージを伝えたり、子どもたち自身が表現したいことを形にするための助けになります。

保育現場では衣装を保育者が用意することも多いですが、子どもたちと一緒につくることにもぜひ取り組んでみましょう。部分、部分で造形遊びとして手をかけることは乳児からでも可能です。造形遊び自体が楽しいことはもちろん、その過程でイメージを育てたり、共有したり、つくったことへの満足感を味わうことが次への期待を高め、流れのある保育につながっていきます。

　気をつけたいのは、保育者が細かく具体的につくりすぎないことです。衣装は子ども
もたちがイメージすることを助けてくれます。全て衣装で再現しようとせず、表現し
たいものの色や大きさ、風合いなどポイントを絞ると、子どもたちはよりイメージを
広げ、のびのびと活動できるでしょう。衣装を効果的に使って表現活動を楽しく、深
め広げていきたいですね。

| 身体表現の充実
イメージの広がり | イメージのふくらみ
期待の高まり | イメージする楽しさ
造形あそびの楽しさ |

2　衣装づくりで大切なポイント

　子どもたちが楽しく活動するために、衣装を準備する際は次のポイントをおさえて
おくとよいでしょう。

● 動きやすさ（動きを妨げないデザイン、余裕のあるサイズ）
● 着脱のしやすさ（着心地）　　● 丈夫さ　　● 補修のしやすさ

3 衣装づくりの素材と道具

　衣装づくりでよく使われる素材と道具を紹介します。特徴（特性）を知って活動の目的に合った素材を選びましょう。

① 主にベースになるもの

種類	特徴
布類（布地・不織布）	・色や柄が豊富。 ・縫うと丈夫。 ・布は着心地がよく長持ちするがほかに比べて縫製の手間がかかる。 ・不織布ははりがあり、切りっぱなしでもほつれが出ないので端の処理がいらない。
ビニール袋類（カラービニール袋・買い物袋）	・色が豊富で発色がよい。 ・テープで簡単に接着できる。 ・コストパフォーマンスがよい。 ・水に強いが通気性は悪い。
紙類（模造紙・新聞紙・タイベック紙）	・加工がしやすい。 ・糊やテープで接着できる。 ・絵の具で模様が描ける。 ・コストパフォーマンスはよいが丈夫さは低い。

※タイベック紙は正確には不織布の類だが、糊で接着でき、描画にも向いているので紙類に分類した。

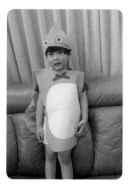
不織布でつくった衣装

カラービニール袋でつくった衣装

新聞紙でつくった衣装

② 衣装づくりの方法と道具

　昨今、道具や接着剤は種類豊富です。どんなものがあるか理解した上で、子どもたちが使うもの、保育者が合理的に作業を進めるために有効なものと使い分けましょう。

接着する 布、不織布、ビニール、紙
※素材に合ったものを選ぶ。

クラフトテープ　布ガムテープ

ボンド
(工作用・布用・木用)
糊　セロハンテープ　両面テープ

縫う 布、不織布、ビニール、紙

針　糸　ミシン

結ぶ 布、不織布

ベースを結ぶ　リボン・ひも・ゴム

留める 接着が難しいとき　異素材を留めたいとき

グルーガン　ホチキス

※針には十分気をつける。
肌に当たらないところに使うようにし、
テープなどで保護する。

③ **主に飾りつけに使うもの**

　飾りつけに使えるものは身のまわりにたくさんあります。ベースに使う素材との相性を考えていろいろ取り入れてみましょう。

テープ
ビニールテープ　マスキングテープ　カラーテープ　柄テープ
紙テープ　キラキラテープ　スズランテープ

シール
丸シール　ファンシーシール　シールタイプ色紙

布
フェルト　プリント生地

紙
色紙　千代紙　包装紙

その他
ボタン　リボン　ぼん天　モール　毛糸

あったら便利♪
クラフトパンチ　ピンキングバサミ

衣装をつくってみよう

それでは、実際に衣装をつくってみましょう。

STEP1 計画する

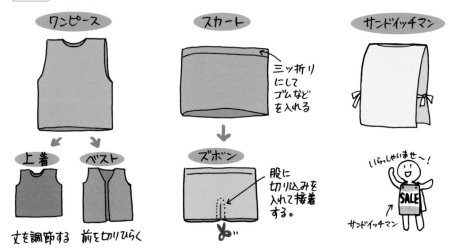

デザイン（テーマ、形、色）を考え、おおまかなサイズを測っておきます。様々なつくり方がありますがここではシンプルで簡単にできるベースの形を紹介します。ベースは不織布、カラービニール袋、紙それぞれに使えます。素材を変えることで印象もその他の材料も変わってくるので、どの素材がよいのかよく考えましょう。また、どこの段階を子どもの活動にするのか計画します。

測っておくところ

STEP2 ベースをつくる

ベースをつくったら必ず一度着てみます。着脱しやすいか、動きやすいか、確認しましょう。

ワンピースベース　　　　　スカートベース　　　　　サンドイッチマンベース

① 頭を入れるところを切り取る
② 脇を接着する

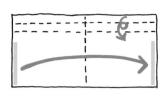

① 上部を三ツ折りにし接着しゴム通しの穴をつくる
② 縦半分に折り脇を接着する

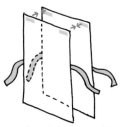

肩と脇をひもやリボンなどで結ぶまたは接着する

STEP3 飾りつけをする

　飾りつけは子どもの活動として取り組みやすい部分です。1・2歳児でもシール貼りやスタンピングなどで参加できます。幼児には「こう飾りましょう」ではなく、「どんな風にしたら○○になれるかな？」とイメージを膨らませられるように声かけし、援助します。飾りは、子どもの動きを妨げないように丈夫に接着しましょう。

　モチーフを貼ったりつけたりするほかにも飾りつけのテクニックがあります。まずは準備の段階で保育者自身が試しておきましょう。いくつか技法を提案しておくと活動の中で子どもたちからいろんなアイデアが生まれてきます。

STEP4　かぶり物をつくる

　かぶるだけでなりきり度がアップします。お面タイプはつくる機会も多いですが、その他のバリエーションも知っておくと活動の選択肢が増えます。まわりが見えにくくなるものや重いものは避けましょう。

STEP5　小道具をつくる

　ちょっとしたポイントが活動を盛り上げてくれます。難しく考えず、簡単なもので工夫してみましょう。

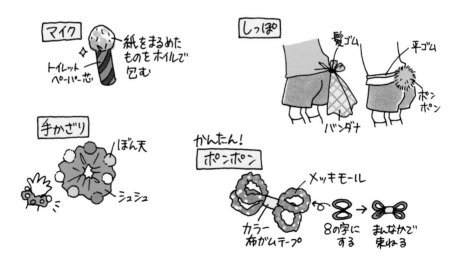

カラフルな「タオル」を使用して簡単に衣装をつくることもできます。

色画用紙やフェルトで、それぞれの動物の耳や目、鼻などをつくって
おきます。

さるはタオルをかぶり、前で輪ゴムをとめます。それ以外の動物はう
しろで輪ゴムをとめます。その後、つくった耳や目、鼻を両面テープで
つけます。

> 衣装は帽子と同じ色のタオルを
> 使えば、全身で動物が表現でき
> ます

4 アイデアをメモしよう！

思いついたデザイン、使ってみたい素材、つくってみたいものなどメモしておきま
しょう。現場で困ったとき、きっと参考になります。

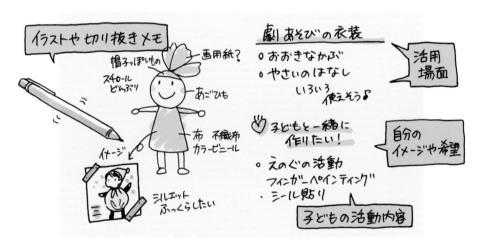

演習 14

グループでテーマを決めて、衣装をデザインしてみましょう。

第　章
6

保育の構想にむけて

　これまでの章で学んだ子どもの発達や表現に関する基礎知識をもとに、具体的な保育を構想していくために、ここでは具体的な指導案の書き方を学んでいきます。保育における指導案は、指針のねらいや内容に基づく内容であるとともに、子ども一人一人の姿（発達状況や興味・関心など）をもとに思案し記していくことが大切です。つまり、指導案は（保育を失敗しないように）あらかじめ流れを決めておくためのものではなく、日頃の子どもの姿をもとに保育の様々な場面を予測し、環境を準備したり保育の流れを構想したりするためのものです。そして、この保育を構想する過程（プロセス）にこそ価値があるという認識のもと、実際の保育では、これらの過程で思案した内容を活かして、子どもの実態に合わせた柔軟な対応が望まれます。

1 ──指導案のつくり方

1 指導案について

　教育実習・保育実習では、観察・参加のほか、実際に保育者の視点・立場に立って教育・保育に携わる実習（部分実習・責任実習）を行います。実習では、子どもの実態に即した指導案を作成し、実習を行います。本章では、指導案の基礎的な書き方などを学びましょう。

　指導案を立てる際に重要なのは、保育の流れを考えることです。子どもたちが興味・関心（意欲）を高め、安心して保育者の話を楽しく聞いたり、見たりできるように活動への導入を考えていく必要があります。また、子どもの動線や集中力の持続性などへの配慮も含めた「導入」から「展開」へ、そして「まとめ」というような流れを意識しましょう。

　指導案を立てる前に、以下の2点を考えておくことが必要です。

● 子どもの年齢や発達の状況を考える。そのときの興味・関心を示していることや保育場面、季節なども考えて選ぶようにする。
● 保育活動のうち、いつの時間に設定し、どの場所で行うのか考える。活動にあたり、どの位の時間があるのかも確認しておく。

2 指導案の書き方

① 月　日　（　曜日）	部分実習・全日実習	実習生氏名	印
② 歳児　　組	男児　名・女児　名　計　名	指導者	先生

現在の子どもの姿	：　③
主な活動	【　　　　　　　　　】
ねらい	：　④
準備物	⑤

時間	環境構成	予想される子どもの活動	援助（○）と留意点（・）
⑥	⑦	⑧	⑨

【感想・省察】
⑩

①日時・氏名など

　実習を行う日時と曜日を記入し、1日の部分的な実習の場合は「部分実習」に、責任実習（1日実習）の場合は「全日実習」に、○印をつけます。自分（実習生）の名前とご指導いただく先生の名前をフルネームで記入します。

②クラス編成

　実習を行う予定の対象クラスの情報として、年齢やクラス名、男児数、女児数を記入します。

③現在の子どもの姿

　指導案を立てる際には、前日までの子どもの姿を把握することが重要です。子どもの生活は流れているので、子どもの姿は、過去形でなく、現在進行形で書きましょう。

> ・クラス全体の雰囲気、興味・関心や遊びの姿
> ・個の発達の状況や生活習慣に関する姿
> ・主活動に関係する姿
> （運動遊びなど身体機能の発達、造形表現の際には手指の巧緻性や経験の状況などに関する姿を捉えておくとよい）

④主な活動・ねらい

　主な活動は、取り組む活動のテーマ・内容を記入します。

ねらいは、「乳幼児期に育みたい資質・能力を子どもの姿から捉えたもの」に留意して考えます。子どもの発達の方向性を示すものなので、子どもを主体としたねらいにし、「子ども」が主語になるように考えましょう。

> ・どのような体験を通して（子どもに）何が育つのか。
> ・子どもにどのように感じてもらいたいか。

⑤準備物

指導案を進める上で準備するものを書き出します。教材の材質や数、大きさなど細かく書いておくことで何をどのように準備していくのかが明確になります。

⑥時間

導入にどのくらいの時間が必要なのか、活動の展開はどのくらいの時間で行うのか、全体にどの程度かかるのかを想定して時間を区切って書いていきます。時間と、予想される子どもの活動・援助と留意点は、時系列を合わせるようにしましょう。

⑦環境構成

環境構成では、計画した活動をする際に必要な環境を書いていきます。まず、保育室内の環境（机、椅子など）を図で描きましょう。次に保育者の位置や材料用具などについても書き加えていきます。図は定規を使って丁寧に描きます。環境図の下には、その環境図がどのような状態なのか、文章で具体的に書いておくことも忘れずにしましょう。また、必要な教材（導入の際の教材や展開時に必要なもの）も物的環境なので記入します。

⑧予想される子どもの活動

ここには、指導案の中の活動での子どもの姿を書きます。まず、クラス全体での子どもの活動（動き）を書き、それに伴った予想される子どもの動き（姿）を具体的に書いていきます。計画した活動を進める中で、どのような子どもの姿が見られるのか予想することで、保育者がどのように援助し、留意するべきか明確になっていきます。

⑨援助（○）と留意点（・）

この欄は、子どもの活動とリンクします。活動を進める上で、子どもたちの姿を大切に活動が円滑に進むように、保育者の援助（働きかけ）と留意点を記入します。保育者の働きかけによって、子どもたちがどのような反応を示すのかを想像し、その姿に応じた援助と留意点を考えていきます。

> ・援　助…子どもの姿を導く保育者の働きかけ。
> ・留意点…保育者の働きかけをする際に、気をつけること、心に留めておきたい注意点。

援助と留意点の区別をつけるのは難しいと思います。あなた自身、どのように働きかけるのか、働きかけ（動きや声かけなど）だけだったら「援助」。動くときにどん

な気持ちで動くのか、動きについてくる心情・注意したいことを「留意点」として書いていきましょう。その際、保育者の援助（○）、留意点（・）と、印を変えておくと、援助と留意点の区別がわかりやすく、指導案も見やすくなります。

また、安全面や配慮を必要としている子どもの対応なども留意点として書いておくと、実践の際に戸惑うことも少なくなります。

⑩感想・省察

指導案はあくまでも予想される姿をもとに記したものです。したがって、実際に取り組んでみてどうだったかを振り返り、そこで得た気づきや反省点を明日の保育へ活かしていくことが大切です。また、必ず記した通りに行おうとするのではなく、子どもの姿（実態）に合わせて環境や援助の在り方を見直し、柔軟に対応していく力を身につけていけるようにしましょう。

省察のポイント
- ねらいは現在の子どもの姿に合っていたか。
  （子どもの姿の捉え方は正しかったか）
- 環境の準備や準備物は十分だったか。
  （広さや配置・下準備の数や内容など）
- 時間配分は予想通りだったか。
  （予想と違ったのはなぜか）
- 流れは適切だったか。
  （導入の仕方・説明の仕方や手順・材料配布のタイミングなど）
- 子どもの姿はどうだったか。
  （興味関心のもち方・予想しなかった動きや一人一人の取り組み方・つまづきが見られた点とその理由など）
- 保育者の動きや声かけは適切だったか。
  （全体への伝え方・一人一人への援助や配慮・安全管理・取り組み後の片づけや作品の扱い方など）

指導案のフォーマット（形式）は、養成校、実習園によって様々です。まず実習を行う際に、指導案のフォーマットに関して、指導していただく先生に確認を取りましょう。

2 ——具体的な指導案

これまで学んだ指導案の書き方をもとに、ここでは、表現を引き出す指導案の具体例を見ていきます。音楽表現・造形表現・身体表現など、子ども一人一人の表現を引き出す環境構成や導入の在り方、保育の流れや保育者の援助・留意点などに着目し、活動のねらいを達成するための保育者の意図や工夫について考えてみましょう。

指導案例 1	手づくり楽器の演奏会

11月 5日 （ 木 曜日）	部分実習・全日実習	実習生氏名	桜 花子	印
4 歳児 たんぽぽ 組　　男児 15 名・女児 15 名　計 30 名		指導者	松家 まきこ	先生

現在の子どもの姿	・秋の運動会が終わり、年長児が行っていたリレーを楽しんだり、追いかけっこをしたりする姿が見られるようになっている。 ・園外保育で拾ってきたどんぐりやまつぼっくりをままごと遊びなど遊びの中で使っている姿がある。
主な活動	【　手づくり楽器の演奏会　－マラカスづくり－　　】
ねらい	・秋の自然物を使って楽器をつくる楽しさを味わう。 ・つくった楽器を使って、友だちと一緒に様々な表現を楽しむ。
準備物	・あらかじめつくっておいたマラカス・ペットボトル・木の実（どんぐり、または小豆など） ・カラービニールテープ（赤・緑・黄色）※クリアファイルに切ったビニールテープを貼っておく。 ・絵本『もりのなか』（作・絵：マリー・ホール・エッツ／訳：まさき るりこ　福音館書店　1963 年）

時間	環境構成	予想される子どもの活動	援助（○）と留意点（・）
10:30	〈部屋の環境図〉 ピアノ　保　材料置き場 机　机　机 机　机　机 ◯…椅子	○手遊びを楽しむ。 「ないたないた」 「はじまるよ」	○手遊びをする。 ・子どもたち全員が集まるまで手遊びをしながら楽しい雰囲気をつくる。 ・明るいはっきりとした声で、手遊びを行う。
10:35		○絵本を見聞きする。 『もりのなか』 ・絵本の場面が変わるたびに、動物の動きに興味を示す姿がある。 ・場面によって、動物の姿を見て、保育者に質問をする姿がある。	○絵本を読み聞かせる。 ・子どもたち全員に見えるよう、絵本の向きや座る場所等を考える。 ・絵本はぐらつかないように持ち、スムーズにめくるようにする。 ・動物たちとお菓子を食べたり、"はんかちおとし"をしたりする場面では、読んだ後に少し余韻を味わうようにする。
10:40	・保育者を前に、子どもたちが馬蹄形に床に座るようにする。 ・保育者は、子どもたちの前に置いたピアノの椅子に座る。 ・机には、椅子を園児数分、配置しておく。	○保育者の話を聞く。 ・保育者の問いかけに答える姿が多い。 ・自分の知っていることを積極的に発言する様子がある。	○絵本では、どんな楽器が出てきたか、話をする。 ・もりの中にある物は何か、イメージが湧くように話を進めるように心がける。
10:45	・「マラカス」づくりに使う絵本は事前に材料置き場上に置いておく。 〈教材〉 ・絵本『もりのなか』 ・あらかじめつくっておいたマラカス	・保育者の示すマラカスを見て、つくりたい気持ちになる。	○造形活動「マラカスづくり」の話をする。 ・木の実で、どのような楽器をつくるのか実際に見せたり音を鳴らしたりして関心を高める。 ・まず、保育者があらかじめつくっておいたマラカスを見せて、意欲が高まるようにする。
10:48	〈材料用具〉 ・ペットボトル（小さいサイズ） ・ビニールテープ（赤・緑・黄） ※貼りやすいように、あらかじめ切ってクリアファイルに貼っておく。	○自分の椅子に座る。	○椅子に座るように伝える。 ・一斉に動く際に、ぶつかったり、転んだりしないように、慌てずに移動するように伝える。
10:50	・容器に入れた木の実 ・子どもの名前を書いてあるシール	○「マラカス」のつくり方を聞く。 ①ペットボトルの本体にビニールテープを貼っていく。 ②ペットボトルの蓋を取り、木の実を入れ、蓋を閉める。 ③蓋のまわりにビニールテープを貼る。	○「マラカス」のつくり方を説明する。 ・材料を配る。 ・実際に貼り方を見せながら、ペットボトルにビニールテープを貼ることを伝える。 ・実際に見せながらペットボトルに木の実を入れ、蓋を閉めるように伝える。 ・木の実を入れ終わったら、幼児の姿を確認し、誤飲防止のために蓋をビニールテープでとめるように伝える。

時間	環境構成	予想される子どもの活動	援助（○）と留意点（・）
	〈完成したマラカス〉 ビニールテープ ← 木の実など	・ビニールテープを貼る動作が難しく、保育者に聞く姿がある。 ・出来上がりを喜び、マラカスを嬉しそうに鳴らす姿が見られる。	・一人一人の取り組みの姿に対して、声を出し認めていき、難しいところはコツを伝えたり手を添えたりする。 ・出来上がった子どもから、どのような音が出るか、鳴らしてみるように声をかける。 ・全員ができているかどうか、机間をまわり、子どもの姿を確認する。
11:05		○マラカスを使って演奏することを聞く。 ・みんなで演奏会ができることを喜ぶ姿がある。	○マラカスを使って、演奏することを伝える。 ・各自の所で立って椅子を仕舞うように伝える。 ①しあわせなら手をたたこう ②おもちゃのチャチャチャ
		・保育者のピアノ伴奏に合わせて手づくり楽器を楽しそうに鳴らす。 ・楽しくマラカスを振りすぎて隣の友だちに手が当たってしまう場面がある。	・保育者がリードをしながら、ピアノ伴奏をする。 ・ピアノ伴奏の速度や音の高さを変えて、鳴らし方を工夫して楽しめるようにする。 ・マラカスを振りすぎて、まわりの友だちに当たらないように、気をつけるよう声をかけておく。
11:15		・「楽しかった」「面白かった」等の感想を口々に話す姿が見られる。	・子どものつぶやきを受け止め、みんなで演奏できた喜びや楽しさを共有できるようにする。 ・次の造形活動への期待をもつことができるような声かけを行う。
11:20 11:25	・また遊べるようにマラカスの置き場をつくる。	・マラカスを保育者の所に持って行き、名前のシールを貼ってもらう。	○マラカスを集めることを伝える。 ・マラカスに、名前の書いてあるシールを貼り、マラカス置き場に並べる。

【感想・省察】
・絵本を読み終わった後に、マラカスを見せると「つくりたい」と意欲を示してくれて嬉しかった。
・ペットボトルに木の実を嬉しそうに入れている様子が見られ、楽しんでつくる姿が多く見ることができた。
・クリアファイルに、ビニールテープをあらかじめ切って貼っておいたことで、つくる過程がスムーズだった。
・ペットボトルの蓋を、ビニールテープでつけるところが難しい様子も見られ、説明のところでわかりやすく伝えるべきだったと感じた。
・出来上がったマカラスをロッカーの上に置いてしまい、高い場所だったので、子どもたちに見えづらかったのではないかと思った。一つの机に並べて置くなど、子どもたちが、友だちのマラカスも見ることができるような環境を設定することが必要だったと感じた。
・出来上がったマラカスを振りながら、音の違いを友だちと聞き合っている姿が見られた。
・ねらいに「様々な表現を楽しむ」と計画したので、ピアノ伴奏での音遊びの前に、友だち同士、音の違いを聴き比べることを行ってもよかったのではないかと感じた。
・「もう一つつくりたい」と言う子どももいたので、次の日も材料を準備したい。また、木の実だけでなく、ビーズなど、材質の違うものも用意し、入れるものによって音が変化することも味わうことができるようにしたい。

5月　13日　（　水　曜日）	部分実習・全日実習	実習生氏名	桜　花子　　　　　㊞
5 歳児　ひまわり 組　男児 15 名・女児 15 名 計 30 名		指導者	土橋　久美子　　　先生

現在の 子どもの姿	・気の合う友だちと誘い合って、園庭などで体を動かして遊ぶ姿が多い。 ・ハサミを使って工作する姿や、自分のイメージしたものを廃材などでつくろうとする姿が見られる。
主な活動	【　「ぐるぐるへび」づくり　】
ねらい	・自分のつくったものを使って遊びながら、風の力を感じたり、友だちと一緒に競い合ったりする楽しさを味わう。 ・ハサミやクレヨンなどの道具を使ってつくり出す面白さを知り、工夫して遊ぶ。
準備物	・あらかじめつくっておいたぐるぐるへび ・うずまきを描いた画用紙（右利き用、左利き用の線を描く）40 枚　・タコ糸 32 本　・セロハンテープ 6 台 ・名前シール（事前に子どもの名前を書いておく）　・ハサミ　・クレヨン ・絵本『ねずみのでんしゃ』（作：山下明生　絵：いわむらかずお　ひさかたチャイルド　1982 年）

時間	環境構成	予想される子どもの活動	援助（○）と留意点（・）
10:30	〈部屋の環境図〉	○手遊びを楽しむ。 「おちたおちた」 「はじまるよ」	○手遊びをする。 ・子どもたち全員が集まるまで手遊びをしながら楽しい雰囲気をつくる。 ・明るいはっきりとした声で手遊びを行う。
10:35		○絵本を見聞きする。 『ねずみのでんしゃ』 ・絵本の場面が変わるたびに、ねずみの動きに興味を示す姿がある。 ・へびの姿を見て、驚く子どもの姿が見られる。	○絵本を読み聞かせる。 ・子どもたち全員に見えるよう、絵本の向きや座る場所等を考える。 ・絵本はぐらつかないように持ち、スムーズにめくるようにする。 ・へびが登場したり、逃げていったりする場面では、雰囲気が伝わるように声の調子を変えて読むようにする。
10:45	◎…椅子	○保育者の話を聞く。 ・保育者の問いかけに答える姿が多い。 ・自分の知っていることを積極的に発言する様子がある。	○造形活動「ぐるぐるへび」の話をする。 ・絵本に登場したへびについてたずねる。 ・あらかじめつくっておいたぐるぐるへびを見せて、つくりたい意欲が生まれるようにする。
10:50	・保育者を前に、子どもたちが馬蹄形に床に座るようにする。 ・保育者は、子どもたちの前に置いたピアノの椅子に座る。 ・机には、椅子を園児数分、配置しておく。 ・「ぐるぐるへび」づくりに使う教材は、事前に各机の上に置いておく。	・保育者の示すぐるぐるへびを見て、つくりたい気持ちになる。 ○自分の椅子に座る。 ・ロッカーにある道具箱に向かって、走って行こうとする子どもの姿がある。	○ロッカーからハサミとクレヨンを取りに行き、椅子に座るように伝える。 ・一斉に動く際に、ぶつかったり、転んだりしないように、慌てずに移動するように伝える。
10:55	〈教材〉 ・絵本『ねずみのでんしゃ』 〈材料用具〉 ・うずまきを描いた画用紙 　（右利き用、左利き用の線を描いておく）	○「ぐるぐるへび」のつくり方を聞く。 ①机の上のカゴからうずまきが書いてある画用紙を 1 枚取る。	○「ぐるぐるへび」のつくり方を説明する。 ・机の上のカゴからうずまきが書いてある画用紙を 1 枚とるように話す。 ・右利き、左利きの子どもを確認し、取る画用紙を伝えるようにする。
11:05	・タコ糸（片方を玉止めにしておく） ・セロハンテープ（机に 1 台ずつ） ・ハサミ ・クレヨン ・名前シール（事前に子どもの名前を書いておく）	②好きな模様をうずまきの中にクレヨンで描く。	・どんな模様のへびにしたいかイメージを広げられるような声をかけ、画用紙の中に模様を描くことを伝える。 ・へびの口の部分は色を塗らない方がセロハンテープを貼りやすいことを伝える。
11:15		③画用紙のうずまきの線をハサミで切る。 ・線に沿って、切ることが難しい子どももいる。	・模様を描く時間を区切って、ハサミの使い方を伝える。 ・切り方のコツ（紙を回転させながら切ると切りやすいこと）を伝えながら、手指を切らないよう、気をつけることも伝える。

時間	環境構成	予想される子どもの活動	援助（○）と留意点（・）
11:20	左利き用　　右利き用	④へびの口にあたる部分に、玉止めになっているタコ糸をセロハンテープでとめる。 ・セロハンテープを貼る動作が難しく、保育者に聞く姿がある。 ・出来上がりに喜び、ぐるぐるへびを嬉しそうに保育者に見せる姿が見られる。	・タコ糸の玉止め部分を提示しながら、へびの口のあたりにセロハンテープでつけるように伝える。 ・しっかりつけているか、確認するようにする。 ・一人一人の取り組みを声に出し認めていき、難しいところはコツを伝えたり手を添えたりする。 ・出来上がった子どもには、名前のシールをつける。 ・全員ができているかどうか、机間をまわり、子どもの姿を確認する。
11:25	完成した ぐるぐるへび	○クレヨンとハサミを道具箱に戻す。 ・急いで仕舞おうとして、友だちとぶつかりそうになる姿がある。 ○遊び方や修理の仕方を聞く。	○出来上がった子どもには、ハサミとクレヨンを道具箱に戻すように伝える。 ・途中、友だちにぶつからないよう、歩いて仕舞うことを伝えるようにする。 ○ぐるぐるへびの遊び方や安全への配慮について伝える。
11:30	〈ホールの環境図〉	○自分でつくったぐるぐるヘビを持ってホールに移動する。	○並んでゆっくりとホールへ移動するよう伝える。
11:40	㊿保	○ぐるぐるへびで遊ぶ。 ・タコ糸が絡まったり、糸が外れてしまったりする子どもの姿がある。	・ぐるぐるへびの動きを見ながら風や動きの面白さを感じたり、よりきれいにまわるように動き方を工夫したり友だちと一緒に競い合ったりする姿を認めていく。 ・ぐるぐるへびを振り回しすぎて、まわりの友だちに当たらないように、気をつける声かけをしておく。 ・遊んでいる途中で壊れてしまったものは、自分で直せるように材料や用具を持っていく。 ・直すのが難しい場合は、保育者と一緒に直す。
11:45	・ぐるぐるへびで遊ぶときには、友だちにぶつからないようにお互いの間隔をあける。	○集まって座り、保育者の話を聞く。 ・「楽しかった」「面白かった」等の感想を口々に話す姿が見られる。	○ぐるぐるへびをつくって遊んだ感想を尋ね、満足感をみんなで共有できるようにする。 ・次の造形活動への期待をもつことができるような声かけを行う。 ○保育室に戻ったら、道具箱にぐるぐるへびを仕舞うように話す。

【感想・省察】
・絵本のあとに保育者がぐるぐるへびを見せると、「つくりたい」と意欲を示してくれて嬉しかった。
・模様を描く場面では、描き始めるまでに少し戸惑う子どもの姿もあったが、「どんな模様がいいかな？」と声をかけたり、友だちの描く姿を見たりするうちに、楽しんで描くようになった。
・うずまきの部分を線の通りに切ることが、思いのほか難しい様子が見られた。
・自分のへびが完成すると嬉しくなって、ハサミや切りくずを片づけるのを忘れてしまう姿があったため、ごみを入れる場所をあらかじめ示しておいた方がよかった。
・自分でつくったへびで遊ぶことが楽しい様子で、画用紙がちぎれても保育者と一緒に直して、繰り返し遊ぶ姿が見られた。
・「今度は外にもっていって遊ぼうよ」と提案する姿があったので、今度はもっと広くて風を感じられる場所で遊べる機会をつくりたいと思う。

指導案例3	だんごむしになって遊ぼう				

5 月 21 日 （ 木 曜日）	（部分実習）全日実習		実習生氏名	桜 花子	印
3 歳児　さくら 組	男児 10 名・女児 10 名　計 20 名		指導者	土橋 久美子	先生

現在の 子どもの姿	・初めての園生活に戸惑う姿があったが、次第に自分の好きなことを楽しみながら、園の流れに慣れてきている様子が見られる。 ・園庭では、アリやだんごむしなど小さな生き物を見つけて喜ぶ姿が多く、動植物に興味をもってきている。
主な活動	【　だんごむしになって遊ぼう　】
ねらい	・保育者や友だちと一緒に動く面白さを味わう。 ・生き物になりきって表現する楽しさに気づく。
準備物	・新聞紙　人数分 ・45ℓ位の大きさのビニール袋 1 枚 ・紙芝居『だんごむしのころちゃん』（作：高家博成　絵：仲川道子　童心社　1997 年） ・紙芝居舞台

時間	環境構成	予想される子どもの活動	援助（○）と留意点（・）
10:30	〈部屋の環境図〉 保 	○手遊びを楽しむ。 「はじまるよ」 ・保育者の明るい声に合わせて、元気よく歌っている姿が多い。	○手遊びをする。 ・子どもたち全員が集まるまで手遊びをしながら楽しい雰囲気をつくる。 ・明るいはっきりとした声で、手遊びを行う。
10:35		○紙芝居が見やすい場所に座る。 ・紙芝居が見づらいと不安な表情をする姿がある。	○紙芝居が見やすい場所に子どもの座る場所を促す。 ・個別に声をかけ、紙芝居が見える位置に誘導する。 ・全員が紙芝居を見ることができる場所に座っているかどうか、確認する。
10:40	・保育者を前に、子どもたちは馬蹄形に、床に座る。 ・保育者の前には、机を置き、紙芝居の舞台をのせる。 〈教材〉 ・紙芝居『だんごむしのころちゃん』	○紙芝居を見聞きする。 『だんごむしのころちゃん』 ・場面が変わるたびに、だんごむしの動きに興味を示す姿がある。 ・ほかの虫を見て、その虫の名前を保育者に話す子どもの姿が見られる。	○紙芝居を演じる。 ・子どもたち全員に見えるよう、紙芝居の舞台の高さや位置、子どもの座る場所等を考える。 ・場面によって画面の引き方を変化させながらスムーズに引き抜けるようにする。 ・ころちゃんが泣いている場面では、雰囲気が伝わるように声の調子を変えて演じるようにする。
10:50	〈材料用具〉 ・新聞紙（見開きを半分に切って用意する） ・45ℓ位の大きさのビニール袋 1 枚	○保育者の話を聞く。 ・保育者の問いかけに答える姿が多い。 ・自分の知っていることを積極的に発言する様子がある。	○紙芝居の内容について、子どもたちの感じていることを引き出したり受け止めたりする。 ・だんごむしの様子や動きについて、紙芝居の場面を思い出しながら、具体的にイメージできるようにしていく。 ・子どもたちの言動を受け止めながら、保育者もだんごむしのイメージを体で表現してみる。
10:55		○保育者の話を聞く。 ・保育者の提案に、やってみたいと意欲的な姿が見られる。 ・丸くなったり、四つん這いで動いたり、いろいろな動きをする姿がある。	○だんごむしのまねっこ遊びを提案する。 ・だんごむしのイメージを共有しながら、動きなどを実際に行ってみる。

時間	環境構成	予想される子どもの活動	援助（○）と留意点（・）
11:00	・四つん這いになっている ・丸まっている ・新聞紙をかけて丸まっている ← 新聞紙	〈まねっこ遊び〉 だんごむしの親役の保育者の声かけに合わせて、ご飯を食べたり、友だちと話すふりをしたり、だんごむしになりきってみる。 ①四つん這いになって、保育室の中を這ってみる。 ②ほかの虫役の保育者に体に触られると、その場で丸まる。 ③丸まっている間に、1枚ずつ新聞紙を保育者にかけてもらい、夜になって眠るなど、だんごむしになりきって動く楽しさを味わう。 ④朝になり、新聞紙を次はマット代わりにし、その上に座り、朝ごはんを食べる動きをする。	・だんごむしの紙芝居の内容に合わせて、まねっこ遊びを進めるようにする。 ・四つん這いになって進むときに、前を向かず進むことで、子ども同士ぶつからないように、子どもの動きを見ながら声をかける。 ・一人一人がだんごむしになりきって自分なりに表現する姿を言葉に出して受け止めていく。 ・面白い動きや楽しそうな動きをしている姿を認め、表現する楽しさに共感していく。 ・だんごむしになりきることをより楽しめるように、ストーリー性が出るような声かけを工夫する。
11:10	・新聞紙をちぎったり、 丸めたりしている	⑤新聞紙をちぎったり、丸めたりしてご飯をつくって遊ぶ。 ⑥保育者の持っている大きなビニール袋に新聞紙を集めて入れる。	・新聞紙がうまくちぎれない姿が見られた場合、ちぎり方を伝える。 ・「おいしそう」「いいにおいがする」など、子どもが表現している姿に応じた言葉をかけていく。 ・「落ち葉を集めよう」など、子どもが楽しんでいるイメージを言葉にしながら袋に入れる。
11:15		○保育者の側に集まる。 ・保育者の側に急いで集まろうとする姿がある。	○保育者の側に集まり、その場に座るように声をかける。 ・急いで来て、子ども同士ぶつかってしまわないように、子どもの動きを見ながら声をかけるようにする。
11:20		○保育者の話を聞く。 ・「楽しかった」「面白かった」などの感想を口々に話す姿が見られる。	○だんごむしのまねっこ遊びを楽しんだ満足感に共感する。 ・表現遊びを通して実際の生き物に触れたい気持ちを高めていけるように声をかける。

【感想・省察】

・紙芝居を見終わった後に、「だんごむしになってみよう」と声をかけたら、元気よく「なりたい」という声が多く聞かれ、嬉しかった。

・だんごむしの動きのイメージを伝えながら、一緒に子どもと動くことで、自分も楽しむことができた。

・四つん這いになる場面では、子ども同士、ぶつからないように動く姿が見られた。

・新聞紙を一人一人に配るときに、新聞紙を1枚ずつにすることに時間がかかってしまったので、一人ずつにスムーズに渡すことができるように工夫して、準備しておくべきだった。

・新聞紙をちぎって遊ぶところでは、だんごむしになりきって楽しんでいる姿が多かった。

・活動の最後に、感想を話したい子どもの姿が多く、話したいと思った全員の感想を聞くことができなかったので、昼食前や帰りの会に感想を聞く時間を設けてもよかったのではないかと思っている。

・次の日の外遊びでは、だんごむし探しなど、子どもと楽しみ、だんごむし遊びが遊びの時間でも広がるようにしてみたい。

Column 10

子 ども歌の作家の願い　―歌い継がれる歌をめざして―

新沢としひこ（シンガーソングライター・こどものうた研究所 所長）

　子どもの歌というのは巷で流行っている歌のほかにも、長年歌われ続けてきた定番のものがあります。みなさんが子どもの頃に歌ったものもありますし、みなさんのご両親より前の世代から歌われてきたものもたくさんあります。実際に50年以上前につくられた歌が、今も現役でたくさん歌われていることも多くあります。それはとても面白いことですね。これを「古くさい歌をいつまでも歌っている」とネガティブに捉える人もいますが、長く歌われ続けているということは、それだけ愛される理由がきっとあるのです。すぐに「古いから嫌だ」などと思わずに、「どうしてこんなに昔から歌われているんだろう？」とその魅力を考えてみてはどうでしょうか。

　歌い継がれてきた昔からある歌の良さは、幅広い年代の人たちに知られているというところにもあります。何世代にもわたって、同じ歌が歌えるということは素晴らしいことです。そんな意味でも、歌い継いでいくというのは大切なことだと思います。我々子どもの歌の作家たちも、そうやって長く親しまれていく歌になってほしいと願いつつ新しい歌をつくり続けているのです。

III

総合的な表現活動へ

1 ──発表会における総合的な表現活動

　幼稚園や保育所では、保護者を招いて、子どもたちが劇やダンス・オペレッタなどを発表する発表会がしばしば年間行事として設定されています。発表会には、友だちと協同して創造的な表現活動としての舞台をつくり上げることや、普段の遊びや生活の積み重ねの延長にある集大成としての姿を保護者に見てもらい、自信につなげることなど、子どもにとって様々な観点での意義があります。また、保育者にとっても子どもとともに発表会をつくり上げる過程を通して、日常的な子どもの表現の芽に気づき、一人一人の個性を再発見できるきっかけとなります。

　ここでは、保育者を目指す学生による「表現発表会」を例に挙げ、造形や音楽という枠組みを越えた、横断的・包括的な表現としての発表会に焦点を当て、発表会づくりにおける総合表現を学びましょう。

1　かかわりながら生まれる表現

　そもそも、子どもの日常生活における表現は、「音楽」や「造形」だけで独立しているとは限りません。音に合わせて体を動かしたり、遊びの中で鼻歌やとなえうたを歌ったりする姿は子どもの日常にあります。劇やオペレッタなどの発表会もそのような横断的な表現活動と言えますが、発表会の表現活動を通して育まれる子どもの姿には「まわりの友だちとかかわり合いながら表現活動を行う」という協同的な学びの姿があります。一緒に歌を歌ったり、ダンスを踊ったりする中で生まれる協同性・協同体感覚はもちろん、相手の台詞を聞いてから話すことや、舞台袖から手を取り合い一緒に舞台上へ出てくる場面などの一つ一つにおいても、子どもは友だちとのかかわりを意識します。「息を揃えて台詞を言う」など、まわりと合わせることだけが協同的な表現ではありません。しかし、一つの劇や作品をつくり上げる中において、友だちの存在を意識したり、発達段階によっては子ども同士で話し合いなどのかかわりをもったりしながら表現を楽しむことは、表現活動にとって大切な過程であると言えます。発表会づくりにおいては、まわりとのかかわりの中で生まれる表現やその過程を大切にしましょう。

2　物語づくりの中から生まれる表現

　幼稚園や保育所の発表会といえば、どのような物語や題材をイメージするでしょうか。「桃太郎」や「赤ずきん」などの童話や絵本の話をもとにすることもあれば、オリジナルの脚本を先生が手づくりをする場合もあります。いずれにせよ、子どもの発

達に即した内容であることに加え、物語の世界が子どもたちにとって魅力的であることが大切です。「表現発表会」では、子ども向けの劇をクラスごとにつくり上げます。どのような物語や題材にするかは、学生自身の話し合いによって決めます。完全にオリジナルの作品をつくるクラス、童話や映画をアレンジするクラスなど様々です。その中で、保育者を目指す学生として共通して大切にしていることは「子ども目線で考える」ということです。以下に、2つのクラスの物語づくりの話し合いの過程を紹介します。

Aクラスの場合

【出発点】メッセージ性のある物語にしたい
→子どもたちに伝えたいメッセージについて話し合う
→子どもにとってわかりやすく、普遍的なメッセージは何か意見を出し合う
→「物を大切にする」というテーマで物語をつくることが決まる
→映画「トイ・ストーリー」のような、おもちゃが主人公の話にする
→メッセージをどのように伝えるかを考え、話の流れを考える

Bクラスの場合

【出発点】ディズニーの話をもとにした劇をつくろう
→好きなキャラクターを出し合う
→「プリンセス」というキーワードが挙がる
→男の子はプリンセスを好きじゃないかもしれない？
→どうしたら子どもたちみんなが楽しめる話の展開になるか話し合う
→「カラーワールド」という世界が舞台のオリジナルストーリーを考える
→子どもたちがワクワクする要素や、伝えたいメッセージを脚本の中に入れる

　2つのクラスは、出発点は違いながらも、話し合いの中ではともに「子どもにとってわかりやすい話の流れ」や「子どもにとって楽しめる要素」についての意見交換が常に行われました。保育者として必要な「子ども目線」という考え方を基盤にしつつ、ダンスや歌、台詞などの様々な要素について話し合いを進める過程は、保育・教育の現場においてもしばしば見られます。物語づくりの過程では、「子ども目線」を大切にし、その先にある「子ども自身の表現」をイメージをすることが重要です。

3　大道具、小道具、衣装の必要性

　物語の世界観を表現するために、大道具や小道具、衣装をつくって、場面ごとの舞台のイメージを形にしていきます。

　大道具とは、舞台を飾る大きな物で役者が触れない装飾物で、建物・山・岩などです。小道具とは、役者が手に持つ小さな物で、扇子・刀・傘・鞄などです。視覚的につくり込まれた大道具は、鑑賞する子どもたちを物語の世界に引き込むことができます。一方で、視覚的な物に頼らず、役者の演技や照明などに絞った表現は想像を膨ら

ませることができます。ですから、必ずしも立派な大道具や小道具が必要というわけではありません。あえてつくり込まず、観客に想像の余白を与えることも一つの表現方法です。「子どもの目線」になって、最も効果的な表現方法を話し合いましょう。

道具を用いた具体的な表現 演技と照明のみでの表現

4 制作のためのデザイン画

　台本をつくり、全体の表現の雰囲気や世界観を決めてから、大道具・小道具・衣装を制作します。場面ごとの舞台のイメージを形にするために、まずデザイン画を作成します。デザインを考えるときは参考資料をたくさん集めましょう。参考資料によってイメージが広がり、物語の世界観をより豊かに表現することができます。

　例えば、森の場面で木を表現したい、まず頭に思い浮かぶであろう、茶色い幹に緑の葉っぱという"木"からさらに発想を広げていくためには、その場面の地域・季節・時間帯・雰囲気などを考えていくとよいでしょう。木は四季によって変化します。昼間の木と夜の木も、色味を変えて表現することができます。ファンタジーな世界を表現したいなら、カラフルな色や模様で実際にはない木を表現することもできます。また、木を根元から先までの全体像をつくらないでも、木のある景色を部分的に

四季によって変化する木 部分的に描かれた木

実際にはない色や模様で表現した木 昼と夜の異なる色の木

描くことで、見る人にその周辺をイメージさせることができます。

　デザイン画は制作の方向性を決める大切な作業です。固定観念に縛られず、参考になる資料を集めて、子どもたちの創造力をかきたてる表現を目指しましょう。

5　制作時のポイント

大道具

ミニチュアを制作しよう

　ミニチュアを制作することによって、立体構造が実現可能かどうかを検討できます。また、制作工程の共通認識ができるため、円滑な共同作業につながります。

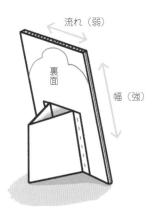

ダンボールの特性を生かそう

　大道具制作の主な材料となるダンボールは、断面から波型が見える「流れ」と呼ばれる方が折りやすく重さに弱く、「幅」と呼ばれる方向が折りづらく重さに強くなっています。ダンボール板を垂直に立てるときには、「幅」が縦になるようにすれば強度を出すことができ、裏面に支えをつけ、少し傾けることで安定します。

ダンボールの塗装

　塗装は、ハケでベタ塗りするだけなく、グラデーション、スパッタリング、スタンピングなど様々な絵画技法を活用することで表現の幅が広がります。汚れを表現したい場合は、絵の具をつけたタオルを擦りつけることも効果的です。ダンボールに絵の具を塗ると、絵の具の水分でダンボールにゆがみが生じます。ゆがみを軽減させるために、乾かすときはできるだけ平面に寝かせた状態で乾かしましょう。

グラデーション

スパッタリング

汚れ

材料や画材を効率よく使おう

　観客席から見えない部分に塗装や装飾の必要はありませんので、材料も過剰に使わないようにしましょう。また、裏面に別の場面を描くことで、材料を効率よく使うことができ、場面転換もスムーズに行うことができます。

おもて面はカラフルなお城

裏面は黒のお城

搬入を見越してつくろう

　舞台への搬入を考えて制作しましょう。舞台まで運ぶ経路となるエレベーターや階段、入り口などのサイズを事前に計る必要があります。通りづらそうな大道具は、初めからパーツごとに制作し、会場に搬入してから組み立てましょう。

組み立てる前に搬入します

大道具制作の流れの一例

STEP1　打ち合わせ
台本の場面ごとに表現したい世界観やイメージについて話し合う。

↓

STEP2　デザイン画
イメージを表現にするために形、大きさ、色、仕掛けなど絵に描く。

↓

STEP3　ミニチュア
厚紙で平面のデザイン画を立体的につくることで構造を考える。

↓

STEP4　パーツづくり
ダンボール板をカッターで切り、パーツをつくる。

↓

STEP5　塗装
色塗りや模様を描いたり、様々な絵画技法を活用したりする。

↓

パーツづくり（STEP4）

塗装（STEP5）

STEP6　組み立て
パーツを組み立て、大型ホッチキスとガムテープで固定する。

STEP7　装飾
モール・花紙・スズランテープなどの装飾する物を接着する。

STEP8　搬入
屋外に出る場合は強風や雨などに注意して運ぶ。

STEP9　組み立て
最終的な形に組み立てをし、強度などを確認する。

STEP10　位置決め
舞台上で配置を決め、運ぶ役割を決める。

STEP11　手直し
観客席からみて修正の必要がないか確認をする。

組み立て（STEP9）

位置決め（STEP10）

小道具・衣装

　素材の特性を生かして、用途や場面、役柄などに合わせて制作するとよいでしょう。小道具や衣装が効果的な役割を果たしてくれることもあるでしょう。

素材の特性

光の反射	素材によっては照明で反射するものがあります。用途に合わせて素材を選びましょう。例えば、透明テープ・ビニール袋・アルミホイルなどは光をよく反射します。舞台背景となる大道具のおもて面に透明テープを貼ると照明が反射して補強部分が目立ってしまいます。裏面からテープで固定するなど目立たない方法で補強をしましょう。逆に刀などキラキラさせたいものは、アルミホイルなどを表面に活用すると効果的です。
音	スズランテープやビニール袋などは身につけたり、触れたりすることによって、シャカシャカと音が出ることがあります。場面や役柄に合わせて、注意して使用しましょう。
強度	ダンスや動きの激しい役の衣装や小物は、破損しにくいように、強度の強い素材を選ぶなどの工夫が必要です。

和を表現するための建物・雲・木・山

照明でシルエットを使った演出

海中を表現するために吊った布

背景をスライドさせ森の中を歩く演出

船の両先端だけをつくって大きな船を表現

モザイク調の街並みで魔法の国を表現

物を肥大化することで小さな世界を表現

パステルカラーでファンタジーを表現

演習 15

発表会への取り組み、発表を体験して学んだことについてまとめ、子ども側の視点と保育者としての視点から考察したことを記しましょう。

2 ——様々な表現遊びのアイデア

　ここでは総合的な表現という視点から、音楽表現、造形表現、身体表現などを織り交ぜた様々な遊びのアイデアを提供したいと思います。子どもたちだけでも遊べますし、親子参観などの行事でも活用できます。

1 音と動きの遊びのアイデア

　「ラインダンス」を紹介します。ダンスといっても決まった振付のあるようなものではなく、音楽に合わせて行進するだけのダンスです。先頭の保育者に続いて一列で並び行進します。「ついてきてね！」の一言ですぐに遊べます。一度にできる人数は20名程度までがよいでしょう。大人数の場合はグループを分けて遊びます。運動会の入場行進をこのラインダンスで行った幼稚園もありました。普段からこの遊びをしていると、いろいろな行事で活用できます。

実践 ラインダンス

遊び方

❶ CDなどで音楽を流します。選曲は、一定のテンポでビートが感じられる『さんぽ』『世界中の子どもたちが』などの行進曲（マーチ）がおすすめです。あまり速い曲だと音楽に合わせた行進ができません。♩＝ 108 〜 114 くらいが子どもたちにとって歩きやすいテンポです。

❷ 一列に並んで手をつないで「ついてきてね！」と言って歩き始めます。このとき列が乱れないように手を離さないように伝えましょう。

ついてきてね！

お友だちの手をしっかり
にぎってね！

何がはじまるのかなあ？

❸「うずまき型」「ヘビ型」など、隊形を変えながら先頭がリードしていきます。

うずまき型　　　　　ヘビ型

ぐるぐる
してるよ～！

❹ 慣れてきたら手を離し、手拍子したり歌詞などに合った動き（しゃがむ、ジャンプなど）をつけたりしながら、列を崩さないように行進しましょう。

2 笑顔を引き出す遊びのアイデア

子どもたちの自然な笑顔を引き出せる表現遊びです。誕生会などではその日の主役の子に冠をかぶってもらって実際に写真を撮ってもよいでしょう。親子参観日に保護者の方も一緒に参加してもらうと、親子のよい思い出がつくれます。

実 践
わがままなカメラマン

遊び方

❶ 保育者が「わがままなカメラマン」役になり、想像上のカメラを持ちます。実際に撮影する場合はスマートフォンなどを持ちます。

❷ 通常、撮影者は子どもたちの方にカメラを向けますが、ここでは「わがままなカメラマン」なので、子どもたちの方ではなく誰もいない方向に向けます。

子どもたちがいない方向にカメラを向ける

❸ 子どもたちは保育者が向けたカメラに入るように移動します。「3・2・1・パシャッ」
のタイミングで撮る練習を何度かしましょう。

子どもたちはカメラに
入るように移動

❹ 慣れてきたら歌に合わせます。「しあわせなら手をたたこう」を、「しあわせならいい
えがお　3・2・1・パシャッ」と替え歌して歌います。

❺ 歌いながら保育者が移動し、「いいえが『お』」のところでカメラの方向と動きを固定
してカウントダウンして撮影します。

♪いいえが<u>お</u>

3・2・1…

子どもたちも保育者の移動した方向へ
向かい、カメラに入るように移動

♪いいえがお

にこ！

興奮すると子どもたちの怪我につながりますので、ゆっくり歌います。走ったり友だちを押したりしないよう、あらかじめルールを伝えてから始めましょう。

3 絵本を使った遊びのアイデア

絵本には音やリズムが詰まった作品がたくさんあります。そのような絵本を使って、音楽表現、造形表現、身体表現に結びつけていきましょう。絵本だけで活動が終わらず、絵本の世界のイメージを共通体験として活用し、そのまま表現活動に移行することができます。

実践
自分の中だけで聞こえる「音」を楽しもう

『おいしいおと』
文：三宮麻由子
絵：ふくしまあきえ
福音館書店　2008年

「わかめをたべよう　ピララルッ　リョリュ　リョリュ　リョリュ　リョリュ」など面白い擬音語が使われています。自分の口の中で咀嚼する音は、空気の振動で聴く「気道音」ではなく、骨伝導による「骨導音」として聴こえます。この絵本で表されている音は「骨導音」による擬音語です。例えば自分の声を録音して聴くと違和感が生じるのは、普段話すときに聴く声は骨導音と気道音の混ざった音として聴いていますが、録音した声は気道音による音として聴くためです。同じ音でも人との聴こえの違いを感じることができます。食べ物の音から出発して、楽器遊びに発展させることもできます。

いろんな声色で読んで楽しもう

「五味太郎　音と文字の本シリーズ」の中の作品です。音は「ぬ」しか出てきません。「ぬ」という音を、絵に合わせて読みます。「ぬ」とおばけが出てきたり、「ぬぬぬ」と怒ったり。同じ「ぬ」でも、音の高さ（音高）、音の長さ（音価）、テンポ、リズムなど、ニュアンスの変化によって表情が変わります。保育者が読み聞かせをするのもよいですが、子どもたちに「ぬ」を様々な声色で読んでもらいましょう。ページをめくるたび、知らず知らずのうちに子どもたちは声の変化を楽しみ、絵本がまるで一つの音楽のように聴こえるでしょう。同シリーズにはほかに『んんんんん』『り・り・り・り・り』『はははははは』などがあります。

『ぬぬぬぬぬ』
作・絵：五味太郎
偕成社　1994 年

同じ「ぬ」でも表情が変わります

リズミカルに読んで楽しもう

「そらまめ　そろって　マラソンさ」「ラディッシュ　だんだんダッシュする」など、リズミカルな言葉遊びの絵本です。譜例のように保育者と子どもたちが交互に読み合うのも面白いでしょう。「そろりそろりセロリがはしる」では声をひそめるなど、声色や抑揚に変化をつけながら読むことでいっそう楽しむことができます。同じ言葉遊びのシリーズとして『くだものだもの』『おかしなおかし』があります。

『おやおや、おやさい』
文：石津ちひろ
絵：山村浩二
福音館書店　2010 年

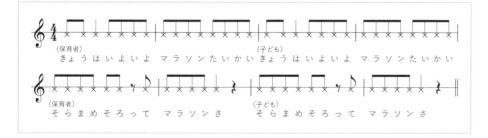

『○△□（まるさんかくしか
く）のくにのおうさま』
作：こすぎかなえ
絵：たちもとみちこ
PHP 研究所　2017 年

○△□（まるさんかくしかく）を組み合わせて形をつくるパズルのような絵本です。お城の模様替えで様々な形が出てきます。絵本で楽しんだあとは、実際につくってみると面白いでしょう。フェルト布などで○△□を組み合わせて形をつくりパネルシアターとして遊んだり、自分たちの身体を使って○△□をつくったりすることもできます。1 人だけではなく、2 人以上の複数で協力しながら形をつくると様々な表現を楽しむことができます。○は○でも、手でつくったり、口でつくったり、全身でつくったり、床に寝そべってつくったり、大人数でつくったり。自分たちで考えてつくりだすことを楽しみと同時に、人との表現の違いを感じる楽しさも味わいましょう。

みてみて！
○（まる）をつくったよ！

演習 16

1. 音や動き、絵本などから、音楽表現・造形表現・身体表現などへ発展させるための様々な表現遊びのアイデアを考えてみましょう。
2. グループで絵本を一つ選び、同じ絵本からどのような遊びに発展できるか、アイデアを複数出し合ってみましょう。グループで出てきたアイデアをみんなに紹介しましょう。

3 ——伝統芸能

　伝統芸能と聞くと、能や歌舞伎、文楽などを思い浮かべるかもしれません。これらはユネスコの無形文化遺産にも指定されている日本が誇る文化財ですが、実際に見たり聞いたりした人は多くないと思われます。実は、伝統芸能と言われるものは幅広く、文化遺産だけでなく日本に古くからあった様々な芸術や技能を指します。すでに廃れてしまったものもありますが、地域の祭りや行事とともに現代まで継承されているものもあります。また、落語や浪花節のように娯楽として親しまれているものもありますし、さらに茶道や華道、書道なども伝統芸能なのです。決して若い人に無縁なものではなく、生活のどこかで見たり経験したりしているはずです。その伝統芸能を、保育の中に取り入れることにはどのような意味があるのでしょうか。

1　伝統芸能を取り入れる意義

　幼稚園教育要領の領域「環境」の内容に、「日常生活の中で、我が国や地域社会における様々な文化や伝統に親しむ」とあります。伝統芸能の多くは地域に根ざしているので、それらに親しむことは地域を知るということにもなります。さらに、「解説」には、「なお、身近な地域社会の文化や伝統に触れる際には、異なる文化にも触れるようにすることで、より豊かな体験にしていくことも考えられる」[1] とあります。地域にかかわりをもつことで地域への愛着が培われ、ひいては国民としての意識や誇りにもつながると考えられますが、それは、偏った愛国精神を育てようとするものではありません。自分の国や町を大切に思うように、異なる文化や別の地域、ひいては違う国をも尊重する気持ちにもつながります。日本の学生が外国からの留学生と交流の場で、日本の文化について何も説明することができなくて恥ずかしい思いをしたという経験談を聞いたことがあります。自分の国について知ることは国際交流の第一歩ですが、幼児期に身近な地域のお祭りや行事に参加し、直にふれあい、その魅力を肌で感じる体験をすることが大切なのです。

　では、領域「表現」の観点からは、伝統芸能とのかかわりにどのような意味があるでしょうか。長い間受け継がれてきた歌や踊り、楽器、工芸などはそれ自体が子どもたちにとって魅力的な表現ですが、それに携わる大人の姿にも大きな影響を受けることがあります。真剣に技や芸を追及している人の姿は子どもの心を揺さぶり、自然に真似したくなる対象になります。幼稚園教育要領の領域「表現」の「解説」に、「大人が歌を歌ったり楽器の演奏を楽しんだりしている姿に触れることは、幼児が音楽に親しむようになる上で重要な経験である」[2] とありますが、音楽に限らず表現を楽しみ真剣に取り組む大人の姿は子どもにとって魅力的なモデルになるのです。そういう意味で、保育者自身が伝統芸能にかかわりその魅力に気づくことも大切なことです。

2 地域の伝統芸能を継承する

　具体例として徳島県の阿波踊りを紹介します。日本三大盆踊りの一つとされ、徳島以外の県や海外にも広まっています。阿波踊りは「連」というグループで踊り、様々な団体で結成された850以上もの連があります。踊りの基本動作は単純なのですが、見栄え良くしかも長時間踊り続けるためにはかなりの体力と修業が必要です。有名連は一年中アスリート並みの練習をしており、その鍛えぬいた技と趣向を凝らした演出は見ごたえがあります。一方、初めての人でも見よう見まねで楽しめるのも阿波踊りですので、企業、職場、学生などで連をつくり参加しています。その中に、幼稚園や保育所で参加するグループもあります。

実例 ①

　徳島市内のわかくさ幼稚園は、地元の伝統文化に触れてほしいという思いから毎年子どもたちの連をつくって参加しています。園では特に踊り方を細かく指導することはなく、CDをかけてそれぞれに踊ります。保育者や保護者の中には有名連に所属している踊り子がおり、一緒に踊ってもらうこともあります。その踊り方を見ているだけで子どもたちもそれなりに上手になってきます。本番は阿波踊りの初日、そろいの浴衣に自分たちで絵を描いた団扇を持って、3〜5歳児のほぼ全員が商店街を踊り抜けます。三味線や鐘の「鳴り物」は有名連に協力してもらうのですが、一緒に踊ってくれる踊り子もおり、子どもたちを盛り上げてくれます。大勢の人がいる長いアーケードを踊り抜けるのは緊張しますし、気力も体力も必要です。しかし、大舞台を成し遂げた達成感は普段の生活では味わえない貴重なものです。秋の運動会では保護者も職員も一緒に阿波踊りをしますが、自信たっぷりに踊りを楽しむ子どもたちの姿が見られます。

子どもたちの「連」をつくって参加しています

自分たちの絵を描いた団扇を持って踊ります

　阿波踊りには「踊る阿呆に見る阿呆、同じ阿保なら踊らにゃそんそん」という掛け声があるように、大人も子どもも踊り子として対等です。一人前に扱われた喜びとともに、有名連の女踊りの一糸乱れぬ動きの美しさや豪快で個性あふれる男踊り、美しい笛の音色や軽快な太鼓と鉦のリズムは子どもの心に深く残るようです。それは内面に郷土の文化への理解と誇りを蓄える体験であり、やがて地元の伝統を引き継ぎ、次

世代につなげる役割を担うことでもあります。

3 　総合的な表現活動への広がり

　一人の子どもの伝統芸能への興味がクラス全体の表現活動に広がった鳥取県仁慈保<ruby>仁慈<rt>じんじ</rt></ruby>保幼園の実践事例があります³¹⁾。

実例②

　5月、朝の会でY君（4歳）が地元の無形文化財「<ruby>荒神神楽<rt>こうじんかぐら</rt></ruby>」を見に行った話をしたところ、ほかの子どもたちから「神楽って何？」という声が出ました。保育者が神楽のパンフレットやDVDを見せると子どもたちの興味が一気に高まり、それぞれにお面や剣、おろち（大蛇）をつくり始めました。その道具を使ってDVDに合わせて踊ったり、より本物らしく見えるように粘土で面をつくったりとどんどん活動が盛り上がります。「本物を見たい」という声が上がり、高校の郷土芸能部に子どもたちが手紙を書いたところ、12月に近くの児童文化センターでの上演が実現したのです。高校生の本格的な道具や衣装による迫力ある演技を見た子どもたちはますます神楽に夢中になり、大きな紙芝居をつくり、1月の生活発表会では手づくりの衣装や道具で神楽を発表しました。

　4歳児が9か月にわたる長期間、興味関心を持続させてクラスでの協同的な取り組みができたことは驚きです。それほど初めてみた神楽の印象は鮮烈で、知れば知るほど面白いと思える魅力的な題材だったのでしょう。もちろん、保育者が子どもたちの興味関心をさりげなくつなぎながら、適切な環境構成や働きかけを行ったこともあります。それには、高校生や保護者の協力もありました。高校生に上演してもらう機会をつくるのは簡単ではなく、双方のスケジュール調整や会場の確保など様々な課題があったと思われます。それは子どもたちだけでなく、高校生にとっても自分たちの活動の意義を再認識する機会にもなり、得がたい経験になったと考えられます。その公演で初めて神楽を観た保護者も多く、保護者にとっても地域を知る機会になりました。何より、自分から疑問に思ったことを調べたりイメージを形にするために試行錯誤したりする子どもの姿に、大きな成長を感じたはずです。「遊びを通して学ぶ」ことの意味を理解した保護者も多かったのではないでしょうか。

　単に神楽を鑑賞させただけでは、このような活動の広がりにはなりません。一人一人がそれぞれに興味をもって始めたことが、友だちとのかかわりの中で次々にアイデ

アが生まれ、イメージが共有できたことで「見せる」ための総合的な表現活動へと展開したのです。子どもの「ワクワク」する気持ちを支え、可能なかぎり任せれば、時に大人の予想を超える表現力や創造性を発揮してくれるのです。

4 伝統芸能の伝承と創造

　伝統芸能は、ただ古いものをそのまま受け継いできたのではありません。その本質を守りながらも時代に応じた新しい試みを繰り返してきたのです。高知県の「よさこい祭り」は、北海道のソーラン節と合わさって「YOSAKOIソーラン祭り」になり、年々盛り上がっています。ブラジルのサンバを取り入れた「浅草サンバカーニバル」は40年近く続いており、もはや「伝統」になりました。阿波踊りは、県を超えて埼玉県越谷市や東京都高円寺にも根付いています。このような伝統芸能の多くは、本来の神事や仏事とは違った形になっていますが、鍛錬したり競い合ったりする要素があり、個人だけではなく地域の人が一つになって受け継いできたことは変わっていません。神社や寺を中心とした祭りには昔から地域を一つにする目的がありました。そうした地域の共同体が消滅しつつある現代において、新しい形の伝統芸能は人々を結びつける機能をもっていると考えられます。

　将来、地域を支える力になる子どもたちにとって、伝統芸能を通して豊かな体験をすることには大きな意義があると考えられます。近年は、多くの地域で祭りなどの伝統芸能の担い手不足が問題になっていますが、その原因には幼い頃からの伝統芸能への関与や経験が少ないこともあるでしょう。それだけ地元への愛着や誇りが育ちにくいことになります。保育所や幼稚園での伝統芸能に触れる体験が小学校以降にも引き継がれ、課外活動や放課後児童クラブを活用して伝統芸能に親しむ機会をつくることは一考に値すると思います。

演習17

1. 自分の生まれ育った地域、あるいは現在住んでいる地域にどのような伝統芸能があるか調べてみましょう。
2. 可能であれば、ボランティアをするなど何らかのかかわりをもってみましょう。その体験をグループで発表しあい、子どもの育ちにどのようにつながるかを考えてみましょう。

引用・参考文献

1) 幼稚園教育要領解説　p.200
2) 幼稚園教育要領解説　p.240
3) 「みんながつながり、広がる保育（仁慈保幼園・鳥取県）」の実践「神楽をやりたい」大豆生田啓友著『「子ども主体の協同的な学び」が生まれる保育』学研　2014年　pp.26-33

おわりに
―保育者に求められる専門性と越境性―

　子どもの豊かな感性と表現を引き出すために保育者に求められる力とは、どのようなものでしょうか。平成29年7月に内閣府・文部科学省・厚生労働省により発行された教育課程説明会の資料には、子どもの主体的な活動を促すための教師（保育者）の役割について、「理解者」「よりどころ」「共同作業者」「モデル」などの多様なかかわりをもつことの重要性が、改めて記されています。1989（平成元）年に幼稚園教育要領の「表現」領域が誕生して30年以上が経過した今、「幼稚園教育要領」「保育所保育指針」「幼保連携型認定こども園教育・保育要領」全てにおいて「教育の場」を意識した保育者の役割が求められています。それは、「感じたことや考えたことを自分なりに表現することを通して、豊かな感性や表現する力を養い、創造性を豊かにする」というねらいが共通のものとなり、保育者のより高い専門性と指導力が求められている、とも言えます。ここでは、保育者に求められる専門性と越境性について、改めてまとめておきたいと思います。

心を動かす体験を大切にしよう

　どんなに素晴らしい素材や技法と出会っても、それらを「感じる力」が働かなければ、表現を楽しむことはできません。そこで保育者の言葉かけやものの見方は、子どもたちにとって心を動かすきっかけとして、大きな役割を果たします。保育者自身が日頃から様々なことに興味・関心をもち、感じたことや考えたことを言葉に出して伝えるように心がけましょう。また、子どもたちが見つけた美しさや面白さを丁寧に受け止め、ともに楽しむことで感じたことを表現していく喜びを味わえるようにしていきましょう。このような積み重ねが子どもたちの心を動かす豊かな体験になり、感じる力が育まれていくのです。

発達の特性や状況を知る

　子どもの表現には発達の道筋があります。それぞれの段階は、心身の発達と密接にかかわっています。したがって、子どもの特性や発達の道筋への理解を深め、一人一人の経験差や巧緻性なども考慮した素材や技法を選び、援助していくことが大切です。幼稚園教育要領では子どもの表現について、「幼児の自己表現は素朴な形で行われることが多いので、教師はそのような表現を受容し、幼児自身の表現しようとする意欲を受け止めて、幼児が生活の中で幼児らしい様々な表現を楽しむことができるようにすること」とあります。幼児期には、日常生活の中で出会う気づきや感情の表出など、内面のあらわれ全てを表現として捉え、受け止めることが求められます。ありのままの表現を受け止めてもらえた子どもは、安心して自己表現を楽しめるようになります。

子ども一人一人の興味関心を捉える

　もしも、見たことも触れたこともないものを描いてほしいと言われたら、大人でも戸惑うことでしょう。子どもも、タイムリーに出会ったものや好きなものを題材にした方が興味・関心をもちやすく、意欲が高まります。例えば、芋ほり遠足で見たこともないような変わった形の芋を収穫したり、ザリガニを毎日眺めている中で新たな発見をしたりしたときは、その感動や気づきを誰かに伝えたくなることでしょう。こうして、表現することを通して、体験がより確かなものとして認識されたり、感動を誰かと共有する喜びを味わえたりするのです。

　つまり、子ども一人一人の興味・関心を捉えることが子どもの豊かな表現を引き出すことにつながると言えるでしょう。好きな遊びの中で遊びに必要なものをつくって、それを使って遊んだりする体験を通して、子どもは、主体的に環境にかかわり、表現する喜びを味わうことができます。そして、憧れのヒーローやヒロインになりきって、歌ったり踊ったりする体験を通して心から表現することを楽しみ、イメージや互いの表現を共有し合う喜びを味わっていくのです。

　一方で、子どもの興味・関心を広げる工夫も必要です。例えば、園庭の木の葉の色や形の美しさや面白さなどは、子どもが気づくまで見守るだけではなく、保育者自身が積極的にかかわって、気づいたことを声に出してみたり、このときの様子をクラス全体に伝える機会を設けたりすることで、多くの子どもの興味・関心を引くことになるでしょう。そのためにも保育者自身が、日頃から、身近な環境に興味・関心をもってかかわり、その魅力を子どもたちに伝えられるようにしていけるようにしましょう。

環境を子どもたちとともに創造していく

　子どもたちの豊かな感性と表現を引き出すために必要な「環境」とは、表現を楽しむために十分な広さの「空間」「材料・用具」そして、「保育者の存在」でしょう。保育者は、子どもたちの現在の姿（発達の状況や取り組み方）を的確に捉えて、「保育の流れ（順序や時間配分）」や「場の使い方」「材料・用具の種類や量」「導入の仕方・進め方」を考え、工夫していくことが大切です。これらは、指導計画に基づいて保育者があらかじめ準備をしておく場合もありますが、保育の流れや子どもたちの取り組む姿に合わせてつくっていく場合もあります。子どもたちの姿を予想して準備したものがあったとしても、子どもの生の姿に合わせて再構成（材料や用具の追加や場の使い方の変更など）をして、子どもと相談しながら一緒に環境をつくっていくことが大切です。

保育者自身の表現性

　子どもが自ら環境にかかわり、主体的に表現する喜びを味わうために必要なことは、保育者自身が様々な素材や技法と出会い、表現する楽しさを体験してみることです。時には、保育の枠を越えた表現の面白さを知る体験（日常生活を楽しみ、自然や

映画など魅力的なものと出会う体験）、つまり「越境性」も必要でしょう。なぜなら、感受性を磨いていくことこそが、保育者の視野を広げ、子どもたちとともに表現することを楽しんでいく力になるからです。何より、保育者自身が表現することを楽しみ、親しんでいる姿は、子どもたちの意欲を高めるきっかけになります。保育者は、子どもの感じる力や表現する力を信じてかかわり、子ども一人一人の取り組む姿を丁寧に見取り、受け止めていくことで、子どもは自分らしさを発揮して表現することを楽しめるようになります。そして、こうした保育者のあたたかな眼差しと受容的なかかわりが、子どもたちの価値観を形成し、互いの良さを認め合いながら、育ち合い、表現することをみんなで楽しめるようになることへとつながっていくのです。

# 参考文献

I

第1章　領域「表現」とは―表出から表現へ―（乳幼児の表現の特性）

- S. K. ランガー『芸術とは何か』池上保太・矢野萬里訳　岩波書店　1967 年
- 無藤隆・汐見稔幸・砂上史子『ここがポイント！3 法令ガイドブック―新しい『幼稚園教育要領』『保育所保育指針』『幼保連携型認定こども園教育・保育要領』の理解のために―』フレーベル館　2017 年
- 武藤隆監修、吉永早苗『子どもの音感受の世界―心の耳を育む音感受教育による保育内容「表現」の探究―』萌文書林　2016 年

II

第3章 1　聴くことを中心とした音さがし・音づくり

- 無藤隆監修、吉永早苗『子どもの音感受の世界―心の耳を育む音感受教育による保育内容「表現」の探究―』萌文書林　2016 年　p.26
- 日本赤ちゃん学会監修、小西行郎・志村洋子・今川恭子・坂井康子編『乳幼児の音楽表現』中央法規　2016 年
- 志村洋子・藤井弘義「幼稚園・保育所における保育室内の音環境（1）〜（9）」『日本音響学会研究発表会講演論文集』1996-2003 年
- 細田淳子『わくわく音遊びでかんたん発表会』すずき出版　2006 年

第3章 3　いろいろなうたあそびから表現遊びへ

- 木村鈴代編『たのしい子どものうたあそび―現場で活かせる保育実践―』同文書院　2014 年
- 石井玲子編『実践しながら学ぶ子どもの音楽表現』保育出版社　2009 年
- 佐藤志美子『心育てのわらべうた』ひとなる書房　1996 年
- 河北邦子・坂本久美子編著『幼稚園・保育所・家庭で楽しくうたあそび123』　ミネルヴァ書房　2017 年
- レッツ・キッズ・ソンググループ編著『うたって楽しい手あそび指あそび120』ポプラ社　2004 年
- 高御堂愛子・植田光子・木許隆編著『保育者をめざす楽しい音楽表現』圭文社　2009 年

第3章 4　保幼小接続という視点からみた "歌うことの魅力" と指導の在り方について

- 無藤隆・倉持清美編著『保育実践のフィールド心理学』北大路書房　2003 年
- 水野伸子「幼保小の連携において、音楽指導に求められる今日的課題及び実践的試論」岐阜女子大学紀要　2005 年　pp.57-67

第4章 1　パントマイムの魅力

- カンジヤマ・マイム『ザ・パントマイム』大月書店　1996 年
- 山上亮『子どものしぐさはメッセージ』クレヨンハウス　2013 年
- M. イアコボーニ　塩原通緒訳『ミラーニューロンの発見―「物まね細胞」が明かす驚きの脳科学』早川書房　2011 年
- 山﨑由紀子『身振り表現・ごっこあそび・劇づくり』フォーラム・A 企画　2014 年
- 瀬戸口清文・日本遊育研究所『わくわくエクササイズ』メイト　2005 年

第4章3 全身で表現を楽しもう

・鈴木裕子・西洋子・本山益子・吉川京子「幼児の身体表現におけるイメージと動きの相互作用」『日本保育学会大会研究論文集』53　2000 年　pp.292-293
・文部科学省「幼稚園教育要領解説」　pp.247-248
・青木理子・青山優子・井上勝子他『新訂　豊かな感性を育む身体表現遊び』ぎょうせい　2011年

第5章1 素材との出会い　―素材の特性を活かした表現技法を学ぼう―

・藤野忠利『ペインティング入門　Contemprary Painting for the Young at Heart』鉱脈社 1984 年
・落合英男『粘土のいろいろといかし方』学研プラス　2007 年
・竹井史『幼児期の終わりまでに身につけたい　造形道具の知識と技能が楽しくしぜんに育つ本』メイト　2019 年

第5章3 児童文化財のバリエーションと活用

・内藤知美・新井美保子編『保育内容言葉』建帛社　2017 年
・近藤幹生・寳川雅子・源証香・小谷宜路・瀧口優『実践につなぐ　ことばと保育』ひとなる書房　2011 年
・福沢周亮監修、藪中征代・玉瀬友美・星野美穂子編『新版　保育内容・ことば―乳幼児のことばを育む』教育出版　2017 年
・松本和美・土橋久美子・松家まきこ『保育に役立つ言語表現教材［第 2 版］』みらい　2018 年

第5章4 表現の広がり・衣装づくり

・いわいざこまゆ『縫わずにできる　手づくり衣装 BOOK』メイト　2011 年
・松家まきこ『保育が広がる表現あそび指導法』成美堂出版　2019 年
・『月刊ひろば』メイト　2013 年 10 月号
・『月刊ひろば』メイト　2017 年 12 月号
・『月刊ひろば』メイト　2018 年 9 月号

編者紹介

松家まきこ

淑徳大学教育学部こども教育学科 准教授。家庭教育相談員。パネルシアター作家。
大学4年生の時に新人作家集『うたってパネルシアター』（大東出版社）で作家デビュー。東京都公立幼稚園教諭を経て、家庭教育相談員の資格を取得。現在、大学で授業及び研究活動に取り組む傍ら、心ふれあう教材やタオルあそびを提案。表現あそびやパネルシアターの講師として、全国各地で研修会、保育者養成校での講義、親子講座および公演を行う。

鈴木範之

常磐短期大学幼児教育保育学科 准教授。
ミュージック・ユニット「のあのあ」、パネルシアターサークル「パオパオ」主宰。保育者研修会講師、水戸市子育て支援パートナーとして、子どもたちが喜ぶ音楽あそび、パネルシアターを提供している。『新幼児と保育』（小学館）主催「100ねんSONGS」第3回（2019）、第4回（2020）各受賞。

● ●

実践 心ふれあう 子どもと表現

2021 年 2 月 25 日　初版第 1 刷発行
2022 年 4 月 20 日　初版第 2 刷発行

編　　者	松家まきこ
	鈴木　範之
発 行 者	竹鼻　均之
発 行 所	株式会社みらい

〒 500-8137　岐阜県岐阜市東興町 40　第 5 澤田ビル
TEL　058-247-1227(代)
FAX　058-247-1218
https://www.mirai-inc.jp

印刷・製本　　株式会社太洋社

ISBN978-4-86015-530-8 C3037
Printed in Japan
乱丁本・落丁本はお取り替え致します。

● ●

JASRAC　出　2010390-001